読みなおす日本史

夢語り・夢解きの中世

酒井紀美

吉川弘文館

はじめに——夢と未来と

もう、ずいぶん前のことだが、西郷信綱氏の著された『古代人と夢』(1)を手にして、引きこまれるように読んだ。それ以来、そこに描き出された時代に続く中世という時期に、人びとは夢をどのようなものとしてとらえ、また夢をめぐってどのような仕組みを作り出していたのか、それを知りたいと願ってきた。

中世の史料を見ていて、まず驚いたのが、夢の記事の多さである。夢の話の出てこない中世の物語をあげる方がむずかしい。また、いろいろな人が書き残した日記にも、夢に関する記述が数多く見られる。それも、自分が見た夢だけでなく、他の人が見た夢についても、じつにくわしくその内容が書かれている。

これは、いったいどうしてなのか。

そこで、具体的に、ひとつひとつの夢の話を追いかけながら、なんとかその答えに一歩でも近づきたいと思って、歩きはじめることにした。

一人の若い僧が、武蔵国六浦《むさしむつら》の浜に立っていた。長い旅をして来たようで、疲れ果て、重くなった足をひきずっている。対岸の上総《かずさ》国に渡ろうと船の到着を待っていたのだが、待ちくたびれて、とうとう浜辺に身を横たえ、知らず知らずのうちに眠り込んでしまった。

この若い僧が、遠い道のりを旅して、ここ六浦の浜までやって来たのには、わけがあった。

上総国高瀧《たかたき》の地頭《じとう》は、いつくしみ育ててきた可愛い一人娘にも神仏の加護がありますようにと願って、この年の熊野詣《くまのもうで》に、娘を伴って出かけた。その熊野の師の坊に、たまたま京都から修行に来ていた若い僧がいた。この僧は、娘をひとめ見た時から心を奪われてしまう。自分は仏法を修行するためにこの霊社にやって来た。それなのに、このように心を乱されるとは悔しい。そう思って、若い僧は本尊や権現《ごんげん》に「なんとしても、わたしのこの迷う心を追い払ってください」と一心に祈った。けれども、日を追うごとに娘の面影はますます強く彼の心をとらえ、一瞬も忘れることができなくなり、まったく何も手につかなくなってしまった。こうなったからには、もはや自分の心が向かう方向に行くしかない。そう決心した僧は、憧れ出るようにして、上総国を目指す旅に出たのであった。

若い僧は、まどろみの中で、いつしか夢の世界へと入っていった。

船に乗って上総の地に渡ると、すぐに彼は高瀧を訪ねて行った。すると、そこに地頭が現れて、

「おやまあ、これはこれは、熊野の師の坊にいらっしゃった坊さまではありませんか。いったいどうして、ここまでお訪ねくださったのですか」

と問いかけた。若い僧は、自分がはるばるここまでやって来た本当のわけを言うこともできず、

「じつは鎌倉の方まで修行に参ったのですが、そこからならば高瀧は近い所だと聞きまして、ちょっとお住まいを拝見させていただこうと思って訪ねて来ました」

と答えた。これを聞いた地頭は、とても喜んで、おおいに歓待した。しばらくすると、この若い僧は暇乞いをして、自分は旅立つつもりだと告げた。しかし、地頭が、

「もうしばらく田舎の様子も見物していってください」

などと、しきりに引き留めるので、それが元からの望みでもあった僧は、いま少し滞在することにした。かれこれするうち、娘とも再会を果たし、人目を忍んで会うことを重ねるうち、互いに思う気持ちも通じ合って、とうとう男の子をもうけるまでになった。これを知った娘の父母は、とても怒って、娘を勘当してしまった。そこで娘夫婦は仕方なく、ゆかりある人の所に隠れ住むことにした。


時がたつにつれ、娘の両親は、たった一人の大切な娘を、このままにしてはおけないと考えるようになり、とうとう親の方が折れて、二人の仲を許すことになった。若い僧は、見た目も立派な、物事の判断力にもすぐれたしっかり者で、字を書かせても人並み以上であった。地頭は、彼を自分の代官として鎌倉へも上《のぼ》らせ、自分の領地内で起きた問題の対処も任せるなどして、実の息子のように頼りにするようになった。また地頭夫婦は、娘の生んだ孫にも心をかけ、とても可愛がった。その後、若い夫婦にはさらに子供が三人生まれ、地頭の家族は平穏のうちに幸福な日々を送っていた。

ところが、その長男が十三歳になった時、大変なできごとが起きる。その子は元服のために鎌倉に上ることになり、さまざまな武具や調度品をととのえ、多くの船を仕立てて海を渡って行った。ちょうど折り悪しく、風が烈しく吹き、波も高くて、人びとを乗せた船は大きく揺らぎ傾いた。その瞬間、船ばたにいたこの子が海に落ちてしまったのだ。思いもかけないできごとに、人びとがあれよあれよと言っているまに、その子は海に沈んで姿が見えなくなった。父である彼は、胸のつぶれる思いがして、ただうろたえ、あわてふためいているうちに、はっと夢から覚めた。

気がつくと、なんと自分は六浦の浜辺にいるではないか。まだ、向こう岸に渡ってさえいなかったのだ。それにしても、この十三年間のことをつくづくと思い返してみると、それらはすべて、ほんの片時の眠りのうちに起きたことである。思いを遂げて、楽しい時を過ごせたとしても、それは瞬時の夢にすぎない。悦びや幸せに満ちた日々も長くは続かず、次にはまた悲しみがやってくる。自分が今しようとしていることは、甲斐のないことではないのか。そう考えた若い僧は、すぐにその場から取って返し、熊野に戻って一生懸命に修行に励んだ、という。

一途な思いでここまで来てはみたものの、さて、これから一体どうなるのか。先行きへの不安がつのるなかで、まだ誰にもわからない「未来」をのぞいてみたいと思う気持ちが強くなり、それが若い僧にこのような夢を見させたのだろう。今のわたしたちなら、そう考えるに違いない。わたしたちは、夢は、自分の内から、自分でもはっきりとは意識できないような深い心の奥底から、やってくるものだと思っているからである。けれども、中世の人びとは違っていた。彼らは、夢は自分の外から、現実に自分たちが生きている世界とは別の世界から、神や仏のメッセージとして送られてくるものだと考えていた。人間を超越した絶対的な存在が、自分の行く末をこれほどまでに明瞭に示してくれたとあっては、真実これが、自分の「未来」に確かにおとずれるに違いない十三年間なのだと、夢から覚めたこの若い僧が受けとめたのも当然である。

この話は、鎌倉時代の説話集『沙石集《しやせきしゆう》』(2)におさめられていて、「これこそ、妄執にとらわれた若い僧の行く末を案じ、これを救済しようとする仏の慈悲深いお計らいである」と説かれている。六浦の浜辺で、仏が夢で「未来」のできごとを若い僧に示し、誤った道に迷い込もうとしているのを救い出してくれたのだ、というのである。ここに、中世の人びとが夢をどのようなものとして意識していたのかがよく現れている。夢への信頼、夢への信仰は、中世の人びとの生活のなかに根ざし、その日々の経験や心情に深く入りこんで生き続けた。

ところで、『沙石集』は、この話に続けて、有名な「荘子《そうじ》の夢」へと筆を進める。むかし、荘子は、片時の眠りのうちに、胡蝶となって百年ものあいだ花園に遊ぶ夢を見た。けれども夢から覚めて考えてみると、それはほんの少しの時間にすぎなかった。荘子は「自分が夢で胡蝶になったのか、それとも胡蝶が夢で自分になっているのか」と言ったという、あの話である。ロジェ・カイヨワが、「夢にあっては、夢主体が自ら自分は夢を見ていると認識していることなどありはしない。むしろ、自分では目覚めているつもりなのである。したがって、今この時点で目を覚ましているつもりの者も、ひょっとしたら自分は今夢を見ているのでは、という疑問を抱いてしかるべきであろう。周知のように、この難題は、長く錯綜した哲学的命運を識ってきた(3)」と述べているように、夢と覚醒の世界との関係は、むかしから人びとにとって大問題であった。

『沙石集』は、この難問について次のように語る。

　自分たちが「現《うつつ》」と思って生きている現実は、実は「夢」である。「現」と「夢」とは同じものなのだから、これを明瞭に分けることなどできない。だから古人も「昨日の現、今日の夢」と言っているではないか。三界の輪廻《りんね》・四生《ししょう》の転変《てんぺん》、皆これは煩悩《ぼんのう》の中で生きている者の見る妄想の夢である。それに対して、本覚不生《ほんがくふしょう》の心地、つまり仏生常住《ぶつしょうじょうじゅう》の境地に至れば、眠りもないし夢もない。

ここでは、「夢の世界」と「現実世界」とを等価のものとしてイコールで結び、この二つの世界を隔てるものなど何もないのだと位置づけたうえで、それらをはるかに超越した別の絶対的な世界として「仏生常住の境地」を対置させる。

「夢」は「現」であり「現」は「夢」であるなどというと、わたしたちは、自分たちが現実に生きている世界と夢は同じなのだから、われわれの人生なんて夢や幻のようにはかないものだ、という考え方を導き出しがちである。しかし、それは今日の夢意識にとらえられた見方である。中世の人びとの意識のなかでは、夢は神仏のメッセージを人びとに伝えてくれるとても重要なものだった。彼らにとって、夢は決してはかないものではなく、それは現実に自分たちが生きている世界に匹敵する重みと価値をもったもの、現実世界とイコールで結ばれるほどに存在感のあるものとして意識されていた。「夢」と「現」がむなしくはかないものとされるのは、あくまでも「仏生常住」の世界との対比においてである。その点を、わたしたちは見落としてはならない。

いま、わたしは中世の夢について考えていくそのスタート地点に、『沙石集』の言う「夢＝現」という等式を刻み付けておきたい。「夢」と「現」と、この二つの世界が等価だからこそ、中世ではあれほどまでに夢が大事にされ、常に人びとのなかで語り合われたのだと思うからである。

目次

一　夢を乞う

聖所での夜籠もり

世界の様々な地域において、人びとは夢を見るために、ある共通した行動様式をとってきた。それについて、次のような指摘がある。

夢に関連する一つの特殊な現象が、幾千年にわたって世論の変化を蒙ることなく存続しつづけたということを確認するのは興味深い。その現象とは、すなわちインキュベーションである。(1)夢占いとインキュベーションの慣習とは、ギリシャ文明の成立にはるかに先行する時代から、地中海全域で行なわれていた。(2)

はるかに遠いむかしから、夢とは切っても切れない関係にあったというインキュベーション。それはいったいどのような慣習だったのだろうか。そもそも、インキュベーションとはどんな意味なのだろうか。そう思って辞書を引いてみると、

incubation「鳥が卵を抱くこと」「孵化」「培養」「潜伏」

などと記されている。「夢の歴史」と「鳥が卵を抱くこと」と、一見なんの関係もないように思える

この二つの事柄は、どこでどのようにつながっているのだろう。

むかし人びとは、夢というものは、人間を超越した聖なるものたちが自分たちに送ってきてくれるメッセージだと考えていた。いつ、誰に、どういった内容の夢を届けるか、それは送り手の側が決めることである。受け取り手である人間は、ただひたすら、そのメッセージの到来を待つしかない。しかし夢は、人間の力では決して知ることのできない未来のできごとを知らせてくれる、とても貴重な贈り物であった。それだけに、ただ受け身的に夢の到来を待つのではなく、なんとかして自分たちの側から主体的に夢を得ることはできないものだろうか、と人びとは考えた。「わたしに夢を与えてください。お告げを授けてください」と一心に祈れば、夢の送り手たちは、その願いを聞き届けてくれるかもしれない。でも、ただ祈るだけではダメだろう。自分たちの側の切実な気持ちが伝わるような、なにか特別な努力を要する行為でなければならない。そして、その方法としてたどりついたのが、インキュベーションであった。鳥が巣に籠もって卵を抱き、ひたすらあたため続けて雛の誕生を待つように、人びとは「聖所で夜籠もり」して、夢の卵を抱き、そして夢が誕生してくるのを辛抱強く待つのである。

西郷信綱氏の『古代人と夢』(3)では、「崇神記《すじん》」の記事に注目して、日本におけるインキュベーションの問題が論じられている。崇神天皇の時代に、たいそう疫病がはやって、人民がみな死に絶えてしまうのではないかと思われるほどの危機に瀕したことがあった。これを愁い嘆いた天皇が「神牀《かむどこ》」に坐《ましま》す夜、夢に大物主《おおものぬし》大神が現れて、意富多多泥古《おほたたねこ》なる人を見つけ出し、その者に自分を祭らせることができたならば、国は安らかに平らぐだろうと告げた。そこで、神の指示通りにしたところ、疫病はぴたりとやんで天下は安らいだ、という。この「神牀」とは、「夢で神意を得るための床」であり、「沐浴斎戒《もくよくさいかい》」し、物忌《ものい》み（穀断ち・禁欲・隔絶）して籠もる特別な聖なる牀のことである。また、聖徳太子は、一日三度、沐浴して「夢殿」に入り、明くる朝そこから出て来ると、これから閻浮提《えんぶだい》（人間界）で起きる善いことも悪いことも、すべてを人びとに語って聞かせたという。この「夢殿」も、「神牀」と同じく、夢を得るための聖なる場であった。そのように位置づけたうえで西郷氏は、「神牀」や「夢殿」のような聖なる場所は、

　危急に臨んで神々の夢託を乞わねばならなかった古代の政治には、おそらく不可欠な仕掛けの一つであったと思う。しかも、王制では、そのような夢を見る特権者はいうまでもなく王であった。

と指摘されている。

　全員が死に絶えてしまうかというほどの危機に直面した時、その窮地を救う唯一のものが、王の見る夢であるということになれば、成員が生存できるか否かは、すべて王の夢見る力にかかっていた。

「王さまはいま、夢を見ていらっしゃる。だれの夢だと思うかね」

「そんなこと、分かりっこないわ」

「なんと、きみの夢じゃないか。それで、もし王さまが夢を見おわったら、きみはどこにいると思

うかね」

「もちろん、いまいるところよ」

「そんなことはない。きみはどこにもいないんだ。だって、きみはただ、王さまの夢の中でだけ生きている存在にすぎないからさ。そこの王さまの目がさめたら、きみは消えちゃうんだ、ぱっと、蠟燭の火みたいにね」

「消えやしないわ。それに、わたしが王さまの夢の中の存在にすぎないのなら、あなたたちはどうなの。ぜひ教えていただきたいわ」

「右に同じさ。右に同じ、右に同じ！」

「しっ。王さまを起こしてしまうじゃありませんか、そんなに大声をあげたら」

（澁澤龍彦訳）

このルイス・キャロルの『鏡の国のアリス』に出てくる会話[4]のように、王の見ている夢の世界の中でだけ自分たちは生きており、王が夢から覚めるとすべては消滅するのだ、というのは極端すぎるとしても、王がただひとり夢を見る特権を持つのであれば、当時のすべての人びとの存続は、その夢見る王の力に大きく依存していたことになる。

夢の「民主化」

春宮《とうぐう》権《ごんの》大夫《だいぶ》藤原資房の日記『春記《しゅんき》』の永承七年（一〇五二）五月二十八日条に、

近曾《きんそう》、西京の住人の夢に、神人《じにん》と称するの者来りて云く、吾《われ》は、これ唐朝の神なり、住む所なく此の国に流れ来たるも、已《すで》に拠る所なし、吾が到る所、悉《ことごと》く以て疫病を発す、もし吾を祭り其の住む所を作り了《おわ》んぬと称さば、病患を留《と》むべきなり、但し、吾瑞想《ずいそう》を表して汝に示し、其の所を以て吾が社となすべきなり、といへり、件《くだん》の人、また西京の並寺の傍らに光耀あるを見る、其の体、鉤《かぎ》の如し、其の光の下、此の所に居ると云々、此の事、普《あまね》く郷里に告ぐと云々、東西京の人々相挙《こぞ》り、仍《よっ》て其の所に向かひ社屋を立つ、又諸府の人等、□祭礼を致す、郷里の郷党、雲集して饗応すと云々、此の夢、誰人かを知らず、後のためにこれを記す、世に今宮《いまみや》と号すと云々、(5)

とある。

西京の住人の夢に、神人と称する者が現れて、「われこそは、唐朝の神である。住む所がないのでこの国まで流浪して来たのだが、もはや拠るべき所がない。わたしが動いて行くと、その先々では必ずどこでも疫病が発生し、人びとは次々と病に倒れ、死んでいくことになる。もしもおまえが、わたしを祭るための住処を作り終わりましたと申したならば、ただちに病気も患いもなくなるだろう。ただし、わたしが瑞相を表して、おまえに示すから、その場所をもってわたしの社とするように」と告げた。夢の告げを得たその人は、西京の並寺のそばで輝く光を見つけ、その光の下に神がいると確信して、これまでのいきさつをひとつ残らず郷や里の人びとに話して聞かせた。そこで、東からも西からも京の人びとが、こぞってその場所に集まって、社屋を立てた。諸府の官人たちが祭礼を取り行い、郷や里の人びとも、あちこちからおおぜい押し寄せて来て、饗応したという。

ここでも、夢に疫神《えきじん》自身が現れて、その解決策を具体的に語っている。疫病の流行という大変な危機的状況を回避するうえで、「夢の告げ」が決定的な役割を果たすという基本的な構図は変わっていない。しかし、十一世紀半ばのこの時期になると、「夢の告げ」をめぐる人びとの動きは、古代の「崇神記」に見られるパターンとは、まったく様変わりしてきている。その最も大きな違いは、この日記の最後に記されている

此の夢、誰人かを知らず、

というところである。疫神が動きまわると、あちこちで疫病が流行し、人びとは病に倒れ、死に絶えていく。その危機的状況から人びとを救い出す、とても重要な「夢の告げ」を得たというのに、その夢を見た人がいったい誰なのかわからない、というのである。それほどに普通の、まったく目立たない存在が、夢を得る主体になれる。王は、もはや夢見る特権者ではない。ここに、夢の歴史における古代から中世への大きな転換がハッキリと見えてくる。

こうした現象を〈夢の「民主化」〉と表現したのは、フランスの歴史家ジャック・ル・ゴフである。(6)

考えてみると、今日のわたしたちは、まわりの誰もが自分と同じように夢を見ているということに、露ほどの疑いも抱いてはいない。人間は誰でも夢を見る。それは自明のことだと思っている。実際に、自分の経験としても夢を見ているのは確かだし、まわりの人びとと話し合ってみれば、彼らもまた夢

を見ていることがわかる。ふつうに考えれば、王だけに夢を見る力がそなわっているという考え方のほうに無理がある。むしろ、この当然のことを当然のこととして受け入れたのが、中世の始まりだった。しかも、その夢の内容も、古代のように公的な政治的なものではなく、中世の夢は、もうありとあらゆる雑多なものが無秩序に混在した集合体である。だから、この古代から中世への大きな変化の内実は、〈夢の「民主化」〉であると同時に、〈夢の「世俗化」〉でもあった。とにかく、中世の人びとにとって、夢は、自分たちの誰もが手をのばせば届く範囲のものだと考えられるようになった。

けれども、このことは、夢が信仰の対象でなくなったとか、政治的な影響力を弱めたとか、社会的な力を失ったということでは決してない。むしろ、肥大化し膨張する夢情報は、人びとの生活のひだの中に入り込み、政治的な局面でも大きな力を発揮し、社会的にも強大なインパクトを与え続けた。それが、中世社会における夢の実態であった。

参籠通夜して夢を得る

中世の物語のうち、夢の話が出てこないものをあげるのはむずかしい。それほど、中世の物語では夢の話が大きな比重を占めている。なかでも、参籠通夜して夢を得たという話は数多くある。そこでは、もちろん有名な僧侶や身分の高い貴族そして武士なども、参籠通夜する主体として登場するにはするが、そのほとんどは、「貧しき僧」「若き僧」「老僧」「若き下種男《げす》」「京中の男女」「侍女」「極めて貧しき女」「貧しくて世にありわびたる若き女房」「仁和寺辺《にんなじあたり》なりける女」「兵士」「郡司」「社司」

「先達《せんだつ》の山伏」「行者《ぎようじや》」「盲者」、さらには「或る人」「誰と聞き侍りしやらん、名をば忘れにけり」などと、その名前も記憶されないような、どこにでもいる普通の人びとが主人公である。

夢の告げを信じ、最初に手にした一本の「藁《わら》しべ」にすがって、飢え死にする一歩手前という窮地から、脱出することに成功した「わらしべ長者」の主人公も、「父母もなく、妻子もなく、主もなく、知り合いもいなくて、ただ一人で生きているような、孤独な青侍(7)」であった。正規の手順を踏んで、その寺のしかるべき者を頼んで参籠するなどという余裕も手だてもないまま、この男は長谷寺《はつせでら》に参って、観音の前にただうつ伏していた。もはや仏にすがるしか道がない。このまま、何も救いの手がさしのべられないのなら、このまま仏の前で死んでしまおう、と思うほどにせっぱ詰まった気持ちで、「でも、もしも、何か幸運のきっかけでも与えてやろうとお考えなら、その由を夢に示してください」と、ただただ観音に懇願した。寺の僧たちは、食べ物もとらず、うつ伏しているこの男の様子を見て、このままここで餓死でもされたら穢《けが》れが生じて一大事になることを心配し、かわるがわる物を食べさせて、この男を養うことにした。そのおかげで生き長らえた男は、三七日が終わろうとするその暁の夢で、待ち望んでいた仏からの告げを得ることができた。

この「わらしべ長者」の話では、参籠通夜してから夢を得るまでに要した期間は三七日、つまり七日のちょうど三倍にあたる二十一日だった。もちろん、「通夜したりける夢に」「通夜する夜半ばかり」「夜ひと夜おこなふ」などと、参籠したその夜のうちにすぐに夢を得られる場合もあったが、多くは、「一夜籠もりたるに夢をだに見ず、三日三夜籠もりつるに」とか、「七日籠もりて」「七日七夜籠もりて」「七日といふ夜の暁に」とか、さらに「二七日を過ぎて」「二七日ばかりなる」などとあって、三日、七日、さらにはその七日を一単位として、その二倍・三倍というように、夢が得られる時期には一定の区切りがある。

当然のことながら、参籠して二日目に夢を見ることもあれば、六日目にだって夢を見ることはあったはずなのに、なぜか物語のなかでは、夢は一定の規則性をもって人びとのところにやってくる。一夜で夢を見られなかったなら、三日三夜までには夢が届くのではないかと期待し、さらに七日七夜、それでもダメなら二七日、三七日というように延長していく。そして、その区切りの日の夜に、待ち望んでいた夢に出会うことができる。これは、夢が規則性をもって訪れてくるのではなく、夢を待つ側の方に、一・三・七、さらには七の倍数を一区切りとする時間意識が共有されており、それが社会的に機能して、このようなはなしができあがってくるのである。

「一夏、九十日の間籠もりて」とか「百日籠もり」というように長期にわたって参籠する例もあるが、それは僧侶が行法修行する過程で夢を得たという話がほとんどである。たとえば、法隆寺に住んでいた明蓮という僧の場合を見てみよう。

明蓮は、師匠から法花経を習って、日夜ひたすらに読誦《どくじゅ》し、これを暗誦しようと努めていた。ところが、七巻目まではすらすらとおぼえられるのに、第八巻になると急にどうしても誦《じゅ》することができなくなってしまう。いったいこれはどうしてなのかと不思議に思って、仏や神にこのわけを教えてもらおうと考えた。

稲荷《いなり》に参りて、百日籠もりて祈請するに、その験なし、長谷寺《はつせでら》・金峰山《みたけ》に各々一夏のあひだ籠もりて祈請するに、またその験なし、熊野《くまの》に参りて百日籠もりて、この事を祈請するに、夢に示してのたまはく、われ、この事において力及ばず、速に住吉明神《すみよし》に申すべしと、明蓮、夢の告げによりて、たちまちに住吉に参りて百日籠もりて、この事を祈請するに、夢に明神告げてのたまはく、われ、またこの事を知らず、速に伯耆《ほうき》の大山《だいせん》に参りて申すべし、

というわけで、明蓮はあちこちの聖所をめぐりめぐったのちに、やっと伯耆の大山で夢の告げを得ることができた。夢で仏が語って言うには、「むかし美作《みまさか》国の人が、牛に米や食糧を負わせてこの山にお参りにやって来た。その人は牛を僧房につないでおいて、自分は神殿に参籠した。その僧房ではちょうど法花経を読誦する僧がいた。牛は一晩中その経を聞いていたのだが、第七巻に至った時に夜が明けて、第八巻は聞くことができないまま、主人に随って本国へと帰っていった。その牛こそ、おまえの前身なのだよ。ここで一夜、法花経を聞くことができたおかげで、畜生の報いから解き放たれて人の身に生まれかわり、僧となった。その時に聞けなかった第八巻は、なかなかおぼえ切れないだろうが、おまえが一切の業をととのえて法花経を誦せば、きっと来世には兜率天《とそつてん》に生まれることができるだろう(8)」と。

「聖所」のすそ野

この話の主人公である法隆寺の僧明蓮は、京都の稲荷社に百日、大和の長谷寺・金峰山にそれぞれ一夏、紀伊の熊野に百日、摂津の住吉でも百日、そして伯耆の大山へと、各地をめぐりめぐって、長い参籠の旅を続ける。中世の夢の物語に出てくる「聖所」は、これ以外にも、清水寺《きよみず》・六角堂・地蔵堂・北野・八幡・比叡山根本中堂・大宮・新羅明神《しんら》・石山寺・東大寺・春日社・興福寺・蔵王堂《ざおう》・箕面滝《みのお》・聖徳太子墓・粉河寺《こかわ》・伊勢太神宮・熱田社・江ノ島など、数えあげればきりがないほど多くの寺社名をあげることができる。これは、「聖所」が限られた場ではなく、多くの人びとに開かれた場として、日本の各地に数多く生み出されてきたことを示している。美作国の人は、遠く京都や奈良の寺まで出かけなくても、自分のすみかにほど近い伯耆の大山で参籠通夜することができるようになったのである。

しかも、寺社などの「聖所」そのものの構造が、中世になると大きく変化してくる。たとえば、古代の仏堂と違って中世の仏堂は、

内陣、礼堂《らいどう》（外陣《げじん》）、両側の小部屋（局《つぼね》）、後戸《うしろど》という、いろいろな性質をもった空間が集まって、一体の建物を造り上げている。(9)

と指摘されているように、まず、仏の前面の空間が拡大されて人びとが参籠するための礼堂（外陣）が生み出され、さらに側面に小部屋（局）が設置される。こうして、夢を乞うために仏の前にやって

来る多くの人びとのための空間が、仏堂そのものの内部に準備されていくことになる。この仏堂の構造変化と参籠通夜する人びとの増大という現象は、どちらが原因でどちらが結果というわけではなく、相互に作用し合って生み出されたものである。

『枕草子』の「一本」[二八](10)では、清少納言が、おおいに憤慨している。

長谷寺に参って局にいたら、身分の低い賤《いや》しい者たちが貴人のまねをして居並んでいて、もう癪《しやく》にさわるったらない。殊勝な気持ちを起こしてお参りに来て、並々ならぬ苦労をしているのに、いったい、いつになったらありがたい仏の御顔を拝することができるのかしら。早く仏を見たいものだ。そんなふうに思っている時に、ぼろをまとった法師や見苦しい蓑虫《みのむし》みたいな者たちが、立ったり座ったり、はいつくばって額を床にこすりつけて礼拝したり、まったく気兼ねする様子もなく動きまわるので、とても癪にさわって、押し倒してやりたいと思うほどだ。けれども、これはどこに行っても同じようなもので、なにも長谷寺に限ったことではない。たいそう高貴な方などが参拝なさっている局の前だけは、そんな連中は追い払われているが、そうではなくて、まあ、ほどほどの人の場合などは、そうした状況を受け入れざるをえず、困ったものだとよく聞かされてきた。だから、よくわかってはいるのだけれど、実際にそういう光景を目の前にすると、やはりとても腹立たしい。

清少納言は、「蓑虫みたいな者たち」が仏前にひしめきあって我がもの顔に振る舞うのはけしからんと怒っている。それにしても、「押し倒してやりたいと思うほど」とは、またずいぶんな腹立ちようだけれど、清少納言がどれほど憤ってみても、それがこの頃の「聖所」の実態であった。「蓑虫みたいな者たち」も、解決しなければならない差し迫った問題を抱えて仏の前にやって来たのであって、仏に祈りをささげ、真摯にその告げを乞い求めるという点において、高貴な人びとと少しも違うところはない。身分の上下や貴賤を越えて、すべての人びとに仏の前の空間は開かれていた。

古代の「神牀」や「夢殿」などは、限られた人だけが籠もることのできる閉じられた空間であった。しかし中世になると、インキュベーションの舞台となる「聖所」そのものが、量的にも質的にも大きくひろがり変化していく。人びとは、自分が生活している身近なそれぞれの場所で、夢を乞うための「聖所」を見つけ出すことができるようになった。こうした「聖所」のすそ野のひろがりこそが、人と夢をつなぐ環境を一変させ、〈夢の「民主化」〉といわれるほどのいちじるしい変化を生み出したもっとも大きな要因である。

祈請・断食・穀断ち

夢を乞うために参籠通夜しているあいだ、人びとはまず「祈ること」「祈り請うこと」「念じること」に努めた。そのいちずな行動の果てには、必ず夢が到来することを信じて、ひたすら祈り続けた。

比叡山横川《よかわ》の永慶聖人は、本山を離れ、摂津国箕面の滝で法花経を読誦して勤行《ごんぎょう》に励んでいた。ある夜、永慶のすぐそばで同じく修行をしていた人が夢を見た。それは、年老いた狗《いぬ》が、仏前で声高く吼え、そこに立ちどまって仏に礼拝しているという夢であった。この「傍《かたわ》らの人」から夢の話を聞いた永慶は、この夢がいったい何を意味しているのか、どうしても知りたくて、

　七日、食を断ちて、堂に籠もりて、

祈り続けた。すると第七日の夜の夢に龍樹《りようじゆ》菩薩が現れて、永慶の前生が狗の身であったことを告げたという。(11)

ここに「七日、食を断ちて」とあるように、夢を乞うために参籠しているあいだは、断食することが原則であった。

しかし、七日間という短いあいだならまだしも、長期にわたって断食することは不可能である。近江の葛川《かつらがわ》に籠もって修行していた僧は、

　穀を断ち、菜《くさびら》を食して

数カ月も懇《ねんご》ろに修行をするうち、比良《ひら》山の峰に仙人がいるから、早くそこに行って結縁《けちえん》せよという夢の告げを得る。夢からさめると、僧は急いで比良山に入って仙人をさがし求め、やっと、高い岩の洞穴にいる仙人に会える。仙人は、その身には肉がなく骨と皮ばかりであった。よく注意して見ていると、鹿や熊や猿をはじめとする鳥獣たちが、せっせと木の実を運んで来て、仙人を供養しているのであった。(12)

長いあいだ「穀断ち」をして修行に励む者は、夢の告げを得るための条件にかなっていると考えら

れていたようで、『蜻蛉日記《かげろうにっき》』には、石山寺に詣でた時、礼堂（外陣）で夜な夜な呪文をとなえて参拝する法師に出会う場面がある。

去年《こぞ》から山籠もりして侍《はべ》るなり、穀断ちなり、

と、その法師が語りかけてきたので、藤原道綱《みちつな》の母は、それならば自分に代わって祈念して、「夢の告げ」を得てほしいと依頼する。(13)

九条兼実《かねざね》の日記『玉葉』は、多くの興味深い夢の記事を載せている。その一つに、兼実に代わって参籠し、兼実のために「最上の吉夢」を得ようと努力をかたむける僧たちの姿があるが、その期間は、京都にいる兼実自身も「終日精進《しょうじん》」している。(14)

このように、「沐浴斎戒《もくよくさいかい》」「精進」「断食」「穀断ち」し、そして「祈念」することが、参籠通夜して「夢を乞う作法」に必須の要件であった。

聖なる時

さて、そのような努力を重ねて、やっと願いがかない、「夢の告げ」を得ることができるのは、いったい何時頃なのだろうか。

夢を得た話のいくつかから、その時間を取り出してみると、

七日といふ夜の暁に(15)

二七日ばかりにもなりぬるに、夜寝たるに、暁方《あかつきがた》の夢に(16)

三七日はてて、明けんとする夜の夢に(17)
暁になるほどに、少し寝入りたる夢に(18)
御堂に参籠す、第六日の寅の時に(19)
六月六日の丑の時に夢想あり(20)

など、まさに夜が明けようとする暁方、「丑の時」や「寅の時」という時間帯がそこに浮かび上がってくる。

横井清氏は「夢」(21)で、藤本徳明氏の「夜と朝の境界、非日常的な時間と日常的な時間との境界としての暁のひとときに、ほのかに訪れる聖なるものの物語は、鎌倉時代前後の説話集には少なくない」「暁の夢の時間は、説話世界などでは、他界と俗界とが、そして生と死とが交差する聖なる時間でもあった」(22)という指摘を取りあげて、これは、

往時の人々の実生活での時間・空間意識、昼夜の根本的な性質の違いの認識、昼夜の境をなす時間の格別な意味づけ、神仏・霊界と人間世界との続きぐあいや離れぐあいについての社会的な通念……とも関連しながら、「夢」をめぐる歴史的研究に、ささやかながらも一視点を提供するのではあるまいか。

と問題を投げかけている。暁は、夜と朝との境界の時間である。暗闇が支配していた世界に光が流れ込んで、じつに不思議な空の色を生み出す。今でもわたしたちは、そのような夜明けの空に向きあう

と、一種荘厳な気持ちになる。「聖所」に参籠通夜して、一晩中一心に祈り続け念じ続けた後に、ふとまどろんだ暁の頃、これまで抱いてあたためてきた夢の卵の殻が割れて、中から夢が生まれ出てくる。夢は、他界と俗界、神仏の世界と人間世界をつなぐ架け橋である。その二つの世界の境界空間とも言える「聖所」で夢の誕生をむかえるのは、やはり暁という境界の時間がもっともふさわしい。多くの物語で、「聖なる場所で、聖なる時に、夢の告げを得る」という舞台設定がなされているのは、単なるフィクションというより、中世の人びとの実際の生活における時間意識や空間意識に深く根ざしたものであったことに思い至るのである。

傍らの人

先に、摂津箕面の滝で年老いた狗が礼拝する夢の話をあげたが、その夢を見たのは「傍らの人」であった。いくつか夢の物語を読んでいて、とても気になるのが、この「傍らの人」の存在である。時には、参籠通夜する当の主人公よりも、この「傍らの人」の方に目が向いてしまうことさえある。

夢を乞うために参籠通夜する人びとが増えると、神仏の前で同じ時に祈請し眠る人びとが何人も出てくるのは、当然のことである。清少納言が、「蓑虫みたいな者たち」がひしめきあって、と憤慨したような状況、『石山寺縁起絵巻《いしやまでらえんぎえまき》』に描かれているように、何人もの男女が仏の前の礼堂（外陣）で、うつ伏したり柱に寄りかかったりして眠っているという状況は、少しも珍しいことではなかった。そこでは、お互いに、自分の「傍らの人」がいったいどこの誰なのか、まったく知らない。彼らはただ、夢を得るために、同じ場に居合わせた者同士だというにすぎない。

けれども、たまたまこうして同じ場に行き合わせることになった彼らが、深い関わり合いをもったり、互いに重要な役まわりを演じたりすることもあった。たとえば、こんな話がある。

一人の僧が、なんとかして仏舎利《ぶっしゃり》を手に入れたいものだと思って、聖徳太子の墓に詣でた。まごころを込めて祈誓《きせい》しているうちに、僧は夜半に夢を見た。廟窟から老僧が出てきて、「汝が所望する仏舎利については、その傍らに臥したる者に言え」と告げる。目覚めてすぐにそばを見ると、色白で背の高い、歳の頃は二十二、三ぐらいの、長い髪が肩にかかった「あるき御子《みこ》」が眠っていた。僧は、この彼女に「これこれ」と声をかけて目覚めさせ、夢の告げの内容を語って聞かせた。御子はすぐに了解し、守り袋から小さな水精《すいしょう》の塔を取り出し、十粒ほどの仏舎利を僧に見せた。その仏舎利のなかに。まるで虫のように這い寄って来る一粒があったので、御子はそれを選んで僧にくれた。感激した僧は、翌朝再び会って仏縁を結ぼうと約束するが、夜が明けてみると、どこをさがしても、この御子の姿は見えなかったという。(23)

「あるき御子（巫女《みこ》）」というのは、神社に属して神に仕える巫女ではなく、各地をわたり歩いていた巫女のことである。ここでの「傍らの人」というのは、神仏が「あるき御子」に姿を変えて現れたのだった。

もうひとつの話は、京に住む年若い青侍が主人公である。

彼は、十二月の晦日《みそか》という日、知り合いの所に出かけての帰り道、真夜中に、一条堀川《いちじょうほりかわ》の橋を西に向かって渡っていた。すると、西から火をともして、こちらに向かってくる一行に出会った。きっと、身分ある人の行列だろうと思って、男は急いで橋の下に隠れた。橋の下から見上げていると、なんとそれは鬼の行列であった。息をひそめて、ひたすら行き過ぎるのを待ったが、一行を引き連れている頭の鬼に、気づかれてしまう。男は、すぐに引っ立てられ、ぐるりとまわりを鬼たちに取り囲まれた。もうこれまで、と観念した。しかし、鬼たちのあいだで、「こいつは特に重い咎《とが》があるわけでもないのだから、赦してやろう」ということになり、取り囲んだ四、五人の鬼が、男に唾を吐きかけただけで去っていった。やれ、うれしい、命は助かった、と喜んだ男は、急いで家へと帰っていった。しかし、妻や子は男の方を見ても何も言わず、話しかけても応えない。近づいても傍らに人がいるなどとは思いもよらない風情《ふぜい》で、ただただ帰ってこない男の身を案じるばかりである。さては、鬼たちが吐きかけた唾のせいで、自分の姿は誰にも見えないし、自分の声は誰にも聞こえない状態になってしまったのか。そのように悟った男は、どうにかして元どおりの姿にもどりたいと願って、六角堂に参籠し、「観音、われを助けたまえ」と一生懸命に祈念した。その男の姿はまったく誰にも見えないから、六角堂に籠もっている他の人の食物などを取って食べても、誰も気づかない。(24)

その時、六角堂に参籠していた人々からいえば、「傍らの人」は、誰にも姿の見えない「透明人間」

だったということになる。

夢見の共同世界

このように、互いに見ず知らずの多くの男女が、「夢の告げ」を得るために神仏の前で参籠通夜しているようすは、夢を送る側から見れば、そこに夢の受信装置がズラリといくつも並んでいるようなものである。だから、時に、夢の送り手はメッセージを直接当人には送らず、「傍らの人」に届けたりもした。

京に住むある夫婦には一人も子がなかったので、幼い女の子を一人養い育てていた。その子が美しく成長するにつれ、養父はその子に心を引かれるようになった。これを深く妬んだ養母は、石清水《いわしみず》八幡宮に参籠し、この娘の命を神の力で奪い取ってしまってくれるようにと懸命に祈念した。呪詛したのである。その夜、その女の「傍らに臥したる僧」が夢を見る。夢には、八幡神・竹内大明神・貴布禰の神が現れ、この女房の願いをかなえれば、その罪は深くて必ず地獄に落ちることになるから、この願いを聞き届けてやるわけにはいかない。むしろ、この家の大黒柱である夫の命を絶ってしまう方が、いいのではないか。そう相談がまとまり、貴布禰神が八幡宮の北門のところに出て、北に向かって鏑矢《かぶらや》を放った。その放たれた鏑矢の音は、とてつもなく大きなもので、夢の中でその大音響を聞いた僧は、汗は出るし胸騒ぎはするし、ほうほうのていで飛び起きた。

あまりにもわけがわからない夢なので、僧はそばの女房に「いったい、どのようなことを、あなたは神に祈念しているのですか」と尋ね、いま見たばかりの不思議な夢の内容をくわしく語った。ちょうどその時、夫の危急を告げる使いが、京から走って来る。急いで帰ってみると、すでに夫は死の時をむかえ一筋に念仏を唱えていて、ついには往生を遂げた。女房は、先刻、傍らで通夜していた僧から聞いた夢の内容を思い合わせ、すべての事のなりゆきを悟る。神は深い配慮のもとに、わたしのよこしまな願いを聞き届けることなく、夫を往生させ、わたしの罪業《ざいごう》を除く道を選んでくださった。けれども、一時の嫉妬心にかられて、あのように罪深い祈願をした事実は消えるものではない。そう強く後悔した女房は、養女に一部始終を打ち明けて懺悔する。養女の方も、涙にむせんで自分の非を詫び、二人とも一緒に尼になったという。(25)

それにしても、自分のことではなく、事情もわからないまま、隣に臥している女房へのメッセージを夢で告げられ、鏑矢が発するとてつもない大音響に驚いて夢から覚めた「傍らの僧」こそ、気の毒な目にあったものである。

さて、もうひとつ、参籠通夜の場の混乱ぶりを示す話がある。

京の勘解由小路《かでのこうじ》の地蔵は霊験《れいげん》あらたかということで、京中の男女が参って市をなすほどであった。その中に、いつも詣でて通夜をする若くて可愛い女がいた。同じように常に参籠していた若い法師は、この女に心をひかれ、どうにかして近づきたいと思い詰め、ある夜、勤行《ごんぎょう》に疲れて眠っている女の耳元に、「帰り道で、はじめて出会った人を頼りにしてすがるように」とささやいた。夜がほのぼのと明ける頃、女は供の女童《めのわらわ》を起こすと、急いで帰って行った。僧は、すぐに後をつけていって、自分が最初に出会う人にならなければならないと、おおあわてで後を追いかけた。けれど、気ばかり焦って、出口のところで履き物を見失い、まごまごしているうちに、女の姿は見えなくなってしまう。帰り道、女は、供の者を四、五人も引き連れた立派な武士に出会う。田舎に所領も持っていて、とても豊かな財力のある侍であった。女は、これは夢の告げの通りだと喜ぶ。一方、若い法師の方はといえば、大汗をかき、息を切らせて、あちこちと、むなしく走りまわるばかりであったという(26)。

人間のもくろむ企てなんて、本当に浅はかなもので、その何もかもを神や仏はお見通しだ、すべてはその掌の上だ、ということになるのだろうか。

夢を見るのは個人であって、夢の内容も見た当人にしかわからない。他者も確かに夢を見る生き物だとは、わかっているけれど、それぞれの夢は、個人的な体験の中に生まれてくるもので、他者と共有できるものではない。今のわたしたちは、そのように考えている。けれども、中世の夢の物語によく出てくる参籠通夜の場面に注目してみると、中世の夢見の場は、自他が入り乱れ、交錯し、複雑にからまりあった共同世界であったことに気づくのである。

二　夢あわせ

うれしきもの

『枕草子』二七六段に、

うれしきもの……いかならんと思ふ夢を見て、おそろしと胸つぶるるに、ことにもあらず合はせなどしたる、いとうれし、

とある。とても気になる夢を見て、もしかして、恐ろしいことが起きる前兆だったら、どうしよう、と胸もつぶれる思いで心を悩ませていたら、「特に何でもないことで、少しも心配しなくていいですよ」と夢を占われた時などは、ホッとして、とてもうれしい、というのである。

夢が、はっきりしたメッセージを伝えてくれる場合は、なんら問題はない。その夢の指示どおりに行動しさえすれば、必ず道はひらけるからである。けれども、わたしたちが夢を見た時の経験に照らして考えてみれば、夢は、その意味するところを明瞭に示してくれるとは限らない。むしろ、とらえどころがなく理解しがたい夢の方が、はるかに多い。現実世界では当然のこととされている秩序や物事の因果関係が、夢の中では通用しない。そこでは、突拍子もないことが起きる。しかし、夢の中の

わたしたちは、それを不思議とも思わず、疑問も持たず、ただ、それをそのまま受け入れて行動している。そして、目が覚めてから、見ていた夢の内容の不合理性や脈絡のなさに気づく。いったい、それはなぜなのかと疑問を抱き、その意味を考え始めることになる。

夢を、神仏が自分に宛てて特別に届けてくれた大切なメッセージだと考えていた中世の人びとは、それが不可解な夢であればあるだけ、なおさら、その意味するところを正確につかんで、後々の行動の指針にしたいものだと思っていた。そうした願いにこたえて出てきたのが、脈絡のない夢のイメージに道筋を与え、それを解釈し、その意味を正確にさぐり当てて、吉凶を占ってくれる、そういう熟達した「夢あわせ」(1)の専門家である。清少納言が、「夢あわせ」をしてもらって、まったく心配のない夢ですよと聞かされ、安堵に胸をなでおろしたのも、おそらくそうした熟練者による夢占いであったに違いない。

新たなる陰陽師

『今昔物語集』の「天文博士弓削是雄《てんもんはかせゆげのこれお》、夢を占へること」(2)には、夢占いをする「陰陽師《おんみょうじ》」が出てくる。

殻蔵院《こくぞういん》の使いとして東国に下っていた男が、東国での仕事を終えての帰り道、近江国勢多《せた》で一夜を過ごし、とても悪い夢を見た。たまたま、そこに陰陽師天文博士弓削是雄が同宿していたので、男は自分が見た夢の吉凶《きっきょう》を占ってくれるようにと、是雄に依頼する。それに応じて夢を占った是雄は、「明日、家に帰ってはなりません。あなたに危害を加えようと待ち伏せている者がいるからです」と忠告する。しかし、長いあいだ家を空け、妻を残して東国に下っていた男は、一刻も早く家に帰りたいと願っていた。使者として徴収してきた公物や私物も数多く所持している。「このまま、ここに留まっているわけにはいかない。何とか家に帰る方法はないものか」そう尋ねる男に対して、是雄は、「では、まず家に帰ったらすぐに、弓に矢をつがえて引きしぼり、丑《うし》寅《とら》の方角にねらいを定めて、〈すでに自分はすべてを見通している。早く出てこい。さもないと即刻射殺すぞ〉と言いながら、どんどん進んで行きなさい。わたしの法術の威力は強大だから、それを信じて、心配しないで事に当たるように」と方策をさずけた。そして、この教えどおりに行動して、自分を討とうとして待ち伏せていた者をつかまえることに成功し、男はあやうく難をまぬかれる。

この話の最後は、

昔は、かく新たなる陰陽師のありける也となむ語り伝へたるとや。

と結ばれていて、昔は、このように霊験あらたかな陰陽師がいたそうだと、弓削是雄の「夢あわせ」がいかにすごい威力のあるものだったかを強調している。「新たなる」とは神仏の霊験などがあらたかな、という意味である。陰陽師の是雄が、いかに神仏の意向を読みとる能力に優れていたかを表現することばであるが、ただ、この「新たなる」ということばは、文字どおり「新しい」という意味もあるので、その両方の意味を合わせて考えれば、平安時代には、このようにすごい夢占いの能力をもったニュータイプの陰陽師がいた、というふうにも解釈できる。〈夢の「民主化」〉とともに、「夢あわせ」をする「新たなる」陰陽師が、その活躍の場を拡大していった様子がうかがえる。

夢解きの女

このような「夢あわせ」をするプロフェッショナルな者たちは、男とは限らない。『宇治拾遺物語《うじしゅういものがたり》』に「夢買う人の事」(3)という話がある。この話の発端は、備中国の郡司の子「ひきのまき人」が夢を見たので、「夢あわせ」のために「夢解きの女」のもとへ出かけるところから始まる。「夢解きの女」とあるように、ここで「夢あわせ」をしているのは女性である。しかも当時、都だけでなく、諸国の国衙近辺でも「夢あわせ」をする者がいて、人びとの夢を占っていたことがわかる。夢のすそ野のひろがりは、当然のことながら「夢あわせ」への需要も大きく拡大させ、地方でも「夢解きの女」などの活動できる場を生み出していたようである。

平安後期の貴族で、保元《ほうげん》の乱で命を落とすことになる藤原頼長《よりなが》が残した日記『台記《たいき》』(4)の天養元年(一一四四)七月九日条にも、「夢解きの女」が出てくる。

九日　戊午、去る七日の寅刻の夢、吉凶を占夢者に問ふ、下女人也、夢説きと呼び鳴らす、

頼長は、七日の寅刻に見た夢の吉凶を「占夢者」に占わせた。その「占夢者」は身分の低い女人であり、「夢説き」と呼ばれている。

先の『宇治拾遺物語』では「夢解き」、『台記』では「夢説き」とあって、その表記のされ方は違っているが、いずれも「夢あわせ」をする者を「夢とき」と呼び、それには女性が多かったことを示している。

『蜻蛉《かげろう》日記』[5]には、藤原道綱の母が夢ときをさせる話がある。

道綱の母は、石山寺に参籠した時、礼堂で出会った僧に「自分は去年から山籠もりして穀断ちしているのだが」と声をかけられる。その熱心な修行ぶりにも注目していたので、「それならば、わたしに代わって仏に祈り、夢を得てほしい」と依頼して、京都にもどった。それからずいぶん時が過ぎた頃、その僧から、夢を見たと言って寄こした。

いぬる五日の夜の夢に、御そでに月と日とを受け給ひて、月をば足の下に踏み、日をば胸にあてて抱き給ふとなむ見てはべる、これ、夢ときに問はせ給へ、

とのことであった。袖に月と日を受けて、月を足の下に踏み日を胸に抱くというこの夢の内容は、想像してみるだけでも大変な夢で、これに疑念を感じた道綱の母は誰にもこの夢を解かせなかった。そんな折りも折り、ちょうど「夢あわせ」をする人がやって来たので、まったく自分とは関係のない別の人の夢だということにして尋ねてみると、「夢解き」は「いったい誰がご覧になった夢なのですか」と驚いて、

みかどを我がまゝに、おぼしきさまのまつりごとせむ物ぞ、

と、この夢を解いてみせた。帝を意のままにし、思い通りに政治を動かすなんて、まったく自分たちには似つかわしくない。

されぱよ、これが空あはせにあらず、いひおこせたる僧の、うたがはしきなり、あなかま、いとにげなし、とてやみぬ。

これは、「夢解き」がまちがって夢をあわせたというのではなく、こんなでたらめな夢を見たなどと言って寄こしたあの僧こそ、いいかげんな者だったのだ。ああ、ばかばかしい。道綱の母はそう思って、この夢の話はそのまま、うちやられてしまった。

ここでは、誤って「夢あわせ」をすることを「空合わせ」と表現している。道綱の母は、「夢あわせ」に誤りがあったのではなく、このような夢を届けてきた僧の方こそ疑わしいと判断している。けれども、「空合わせ」という言い方があるところをみると、やはり「夢解き」が夢の内容を正しく合わせられないというようなことも、実際よくあったのだろう。

ところで、この『蜻蛉日記』に出てくる「夢解き」は、「時しもあれ、夢あはする者来たるに」とあるように、「夢あわせ」の必要があるから特に呼ばれて来たというよりも、いつものように、たまたま何となくやって来たという感じがする。そして、このようにして道綱の母のもとに出入りすることができる「夢解き」は、やはり女性であったと思われる。

夢解きも、かんなぎも

平安時代後期に書かれた歴史物語の『大鏡』には、藤原兼家《かねいえ》に関する次のような話がある。(6)藤原兼家は、あの藤原道長の父にあたる人である。

兄の藤原兼通《かねみち》の全盛時代、弟の兼家は逆境にあった。その頃、ある人が夢を見た。それは、兄の兼通邸からたくさんの矢が東の方角に射られ、それらがすべて弟の兼家の邸に落ちるという夢である。日頃から敵対し、互いに良くは思っていない兼通の家の方向から、このように矢が射られるというのは、兼家になにか悪い事のおきる前兆なのではないか。そう思ったその人は、兼家にその旨を注進した。これを聞いた兼家はたいそう心配して、「夢解き」にこの夢を占わせる。

すると「夢解き」は

とてもいい夢です。世の中のものすべてが、この殿（兼家）の方に移って来るということで、今、あの殿（兼通）のところに出入りしている人びとも全部ごっそりと、こちらに参られるようになるでしょう。

と答えた。果たして、この「夢解き」のことばは、真実を見事に言い当てていた。実際、兼家は、それ以後ずいぶんと栄えることになったからである。

このエピソードは、

そのときは、ゆめときも、かむなぎも、かしこきものどもの侍りしぞとよ、

という一文に続くもので、当時、兼家のところには「夢解き」や「かむなぎ（巫）」など、非凡な能

力をもった人びとがいかに多くいたかを示す例証として、この夢の話があげられている。兼家は、「夢解き」や「巫《かんなぎ》」などの有能なブレーンをかかえ、神仏からのメッセージをいち早く解読し、それによって現実の一歩先を読む先見性を得、物事を決断し実行した。彼らの存在こそが、兼家を政治家として成功させた大きな要因だという。このように、中世では、「夢解き」のもつ力に、たいへん大きな信頼が寄せられていた。

『今昔物語集』の「打《う》ち臥《ふ》しの御子《みこ》巫のこと」(7)にも、この兼家が登場する。

その頃、賀茂の若宮が、ある巫に憑《つ》いて、託宣を人びとに伝えてくると評判になっていた。その巫はいつも横たわったままでものを言うので、「打ち臥しの御子」と呼ばれていた。京中の高貴な者から卑賤な者にいたるまで、人びとはこぞってこの御子に問いかけたが、過ぎにし方のこと、行く末に起こること、現在あること、いずれも露ほども違わずに言い当てるので、世の人は皆この御子を貴び信頼し、礼を尽くしてこれを遇した。兼家もよくこの御子を呼び寄せ、いろいろなことを尋ねたが、常に正しい答えが返ってくるのでますます信頼を深め、この「打ち臥しの御子」のために、自分の膝を枕がわりに提供するほどだったという。

人間が知り得ないことを知っているのが、神や仏である。その人間を超越した存在から送られてくるメッセージを、誰よりも先に感知し正しく認識することができれば、並み居る人びとを頭ひとつリードすることが可能となる。「夢解き」や「かんなぎ」は、そうした能力をもつ「かしこきものども」

であり、兼家の成功は、このようなブレーンを数多く擁し、それを十分に活用することによって勝ち得たものであった。

龍女に夢を語る

奈良の春日若宮《わかみや》社の神主中臣祐賢は、その日記(8)に、若宮拝殿の巫女《みこ》の春熊《はるくま》が見た夢をくわしく書き記している。

春熊が夢を見たのは、弘安三年（一二八〇）四月七日の夜、寅の刻ごろのこと。

まず最初は、北の方向から、春日社で召し使われている童がやって来て、惣一《そうのいち》の居所を春熊に尋ねた。

「惣一」というのは、春日若宮拝殿巫女の本座の最高位にある巫女の呼称(9)で、春熊にとっては一番上の上司というわけである。

すると今度は、同じく北の方から、米を背に積んだ馬が二十匹ほど、拝殿めざして走って来た。そして、その中の特にきわだって大きな栗毛の馬が、若宮の前の石橋に駈け上るや、東を向いて、すっくと立った。春熊は、思いがけない馬の群の出現にうろたえて、急いで惣一をあちこち探しまわった。惣一は、ちょうど神前で御神楽の最中であった。この大きな馬が、神前まで駈け上って行ったらどうしよう。惣一は、きっと大変な目に遭うに違いない。そう思って、春熊は気をもんでいた。すると今度は、乞食(10)が一人やって来て、「惣一は、確かに自分には物をくれないのだろうか」と一、二度繰りかえし言うので、春熊が「どうして、差し上げないなどということがありましょうか」と返事をした。

そのとたんに、春熊は夢から覚めた。最初は中間童《ちゆうげんのわらわ》が、そして次には二十匹もの馬が駆けて来て、最後には乞食が現れる。この夢では、それぞれにまったく脈絡のないできごとが次々と起きて、春熊はそれに翻弄されるばかりであった。しかし、これは、夢にはよくあるパターンである。なぜ中間童は惣一を尋ねてきたのか。なぜ馬が米を背負っているのか。ひときわ大きい馬が神殿に上って行きそうになったのはなぜか。乞食はどこから現れたのか。その言い分は何を意味しているのか。

目覚めてから、あれこれと夢の内容を思い返してみても、疑問ばかりが残る。こういう経験は、わたしたちにも何度かある。そういう時、わたしたちなら、どうするか。考えあぐねて、そのうち忘れてしまうのではないだろうか。しかし、中世に生きていた春熊は、夢を見たすぐ次の日に、この夢を「龍女《りゆうにょ》」に語っている。しかし、その返事は、「この夢の話を披露しても、意味のないことですよ」という、大変そっけないものであった。

同じ祐賢の日記の建治元年（一二七五）九月二日条には、「拝殿御神楽幷手水屋《てみずや》ニ渡マシノ事、龍女巫ニ仰せ付けらる、……用途員数ハ龍女のもとへノ状ニこれ在り」と書かれている。これを見ると、「龍女」は若宮拝殿の巫女の一人であることがわかる。そうすると、春熊はただ単に、同僚の巫女に自分が見た不思議な夢の話をした、というにすぎないのかもしれない。けれども、「龍女」と呼ばれる巫女がいて、春熊がわざわざその女に「夢を語った」というところが、とても気になる。

龍女とは?

『今昔物語集』(11)に、西の京に住んでいた一人の女の話がある。

その女は、大きな家に住み、父母にも愛され、書や和歌にもすぐれ、管弦にも長じて、心豊かに日を送っていた。女は、庭のやり水や春秋の花などを好んだが、なかでもとりわけ、庭の紅梅を愛した。花の時期にはそれを見つめ、夜になるとその匂いをめで、花が散ると花びらを宝物のように拾い集めて塗り物の蓋に入れ、風の吹く日は木の下に畳をしいて花が外に散らないようにするなど、ひたすら紅梅を大切にして過ごした。そんな彼女であったが、ある時、たいそう重い病にかかって死んでしまう。葬送もすませた父母は、庭の紅梅を見るたびに娘を思い出し、悲嘆にくれる日々であった。

そうした折りに、一匹の小さな蛇が紅梅の木の下に現れた。その時は、ただの蛇だと思っていたが、年が明けて春になると、また去年の蛇が姿を見せ、紅梅の木に巻き付いて離れようとはしない。これを見て父母は、この蛇こそ亡き娘が転生《てんしょう》したものだと確信した。しかし、それにしてもこのような姿になってしまって、と父母は深く嘆き、紅梅の木の下で僧侶たちに法花経を講じてもらうことにした。「龍王」の娘で八歳になる「龍女」が法花経の教説を聞いてそれを会得し、ついには女人《にょにん》の身ながら成仏《じょうぶつ》したというくだりを講師《こうじ》が説いている最中に、その蛇はその場で死んでしまう。

その後、父の夢に、とても汚く穢れた着物を身につけ心悩む様子の娘が出てくる。心を痛めながら父が見ていたら、次に貴い僧が現れて、娘の衣装を微妙《みみょう》の衣と袈裟《けさ》に着替えさせ、紫雲に乗せて連れ去って行った。まさに「龍女成仏」が説かれているちょうどその時に死んだのだから、蛇の身であってもきっと浄土に生まれかわることができたに違いない。父からこの夢の話を聞いた人びとは皆、そう語り合った。

このように「龍女」というのは、「女人成仏」を成し遂げた希有な者として、法花経の説法のたびに人びとに説かれ、「女人往生」の象徴的な存在として世に広く知られていた。その、特別な名をもって呼ばれる「龍女」という巫女も、普通の者とは違う、何かずばぬけた特別な能力をもっていたのではないだろうか。春態は、その「龍女」に、自分が見た不思議な夢の意味を読み解き、占ってもらおうと思って、夢を語ったのではないのだろうか。

龍女と惣一

しかし、「披露《ひろう》は其の詮なし」と「龍女」は言った。その夢は、広く知らせるには及ばない。人びとに披露しても意味がない。それが、龍女の返答であった。広く人びとに知らせて、その行く末になんらかの示唆を与えてくれるものなら、それを語ることは重要だけれど、この夢はそうしたものではないと判断されている。おそらく、春態はそれに従って、この夢を多くの人に語ることはなかったと思われる。それならば、なぜ、祐賢の日記に春態の夢がこのようにくわしく記録されることになったのだろうか。そのルートを追いかけてみると、「夢解き」に夢を語るだけではない、中世の「夢語り」がもっていた別の一面が見えてくる。

春態が夢を見たのが四月七日。それから少し後の十三日に、祐賢たちは若宮に参籠した。その宿所で、惣一が祐賢の息子祐春にこの夢の話を語って聞かせた。もう少しくわしく言えば、夢を見た翌日に春態が「龍女」に夢を語り、「披露は詮なし」と言われたことまでを含めて、すべては惣一が祐春に話し、次に祐春が父の祐賢にこの話を伝え、そして祐賢がそれを日記に書き付けたのである。春態から龍女へという夢語りのルートのほかに、春態から惣一、惣一から祐春、そして祐春から祐賢へと、もうひとつの夢語りルートがあった。そして、その結果、祐賢が日記にそれをくわしく書き付けておいたから、七百年以上もたった今日のわたしたちも、春態の夢の中身を知ることができるというわけである。

春態は、自分の見た夢に出てきた惣一には、何をおいてもまず、その夢の内容を語らずにはいられなかった。あの栗毛の大きな馬が惣一を襲うのではないかと、夢心地にもあれほど心配していたのだから。

でも、それは夢の中でのことであって、現実に惣一に何か危害が及ぶというわけではないのだから、とりたてて、その夢を惣一に話さなくてもいいのではないか。そう考えるのは、今のわたしたちである。中世の人びとは、夢は神や仏たちが送ってくるメッセージで、人の力では知ることのできない未来のできごとを前もって知らせてくれるものだと考えていた。だから、自分の夢に誰かが出てきて、何か危険な目に遭うかもしれない、ということになれば、これは、ぜひともその人に知らせておかねばならない。それが、良いことであれ悪いことであれ、その人の将来を左右する重大事であるから、夢の内容は必ず当人に伝えねばならない。これが、中世の人びとの夢に対する共通認識であった。

祐賢は、この夢の話を記した後に、ちょうどそのころ拝殿上分米《じょうぶんまい》をめぐって神主方と巫女方のあいだにもめごとがあったので、この夢は、それについて神がなんらかの意志を示されたものかもしれないと推量している。祐賢の中では、米を背負った多くの馬が若宮めがけて疾駆してくるイメージが、その当時、紛糾していた上分米問題と重なりあったのである。祐賢がわざわざ一人の巫女の見た夢を、このようにくわしく日記に書き付けたのは、単なる気まぐれなどではなく、現実に直面している問題に関して、神はいったいどのような意向をもっているのか、とても気がかりで、春能の夢の背後に、それを感じ取ろうとしたからである。ここにも、中世の夢のもつ力の大きさがうかがえる。

ところで、先に見た『大鏡』(12)には、「ゆめときも、かむなぎも、かしこきものどもの侍りし」と記されている。神と人との橋渡しをする存在として、巫女は中世社会の中で大きな役割を果たした。「夢解きの女」も、おそらくは巫女のような存在だと考えられる。しかし、わざわざ「ゆめときも、かむなぎも」と両者が区別して表現されているからには、そこになんらかの違いがあったはずである。

そういえば、『宇治拾遺物語』(13)に出てくる備中国の郡司の息子は「夢解きの女」の「家」に出かけているし、清少納言や道綱の母のところに出入りしている「夢解き」も、どこかの神殿に所属する巫女のようではない。春態巫が夢を語った龍女は龍女巫とも呼ばれているので、春日若宮の巫女の一人ではあったと考えられるが、惣一のように若宮拝殿巫女の本座のトップに位置する巫女とは違った存在のように見える。むしろ、そうした巫女集団の序列や秩序から少しはずれたところにいるのが、「夢解き」だったのではないだろうか。

陰陽師による夢祭

『台記』(14)久安六年（一一五〇）正月六日条に、不吉な夢を見た藤原頼長が「夢祭《ゆめまつり》」を行わせている記事がある。

頼長は、以前から養女の多子《たし》を入内《じゅだい》させようと画策していた。それが、この年の正月にやっと実現するはこびとなった。入内の日時については、二人の陰陽師が、正月四日に次のような勘文《かんもん》を出している。

参内《さんだい》し給ふべき日時を撰び申す、
今月十日戊子、時酉、
久安六年正月四日
雅楽頭《うたのかみ》安倍泰親《あべのやすちか》
陰陽頭《おんみようのかみ》賀茂在憲《かものあきのり》(15)

これで、多子は正月十日の酉の時刻に参内することになった。

ところが、その直前の六日の暁に、頼長は女たちが謀議して多子の入内を妨げるという夢を見た。この夢が未来を予言するものであるのならば、なんとしてもこの夢を違《たが》えておかなければならない。そう考えた頼長は、その日から三夜、陰陽師の安倍泰親に「夢祭」を行わせている。

ある夢によって、未来に一筋のレールが敷かれたとする。夢は、未来に起こる事態を前もって示してくれるものだったから、そこに描かれた事態は、必ず未来に起こるできごとであった。けれども、それをどうしても受け入れられないときは、それが現実に起こる前に、夢を違《たが》えて、別の道筋に変えてしまう、という方法があった。それが「夢違え」「夢祭」である。「夢見の作法」としてのインキュベーションが、ただ夢が届けられるのを受け身的に待つのではなく、積極的に人の側からはたらきかけて夢の告げを得るものであったのと同様に、届けられた夢についても、ただそれを無条件に受け入れるのではなく、自らが能動的にはたらきかけて、「夢を違える」仕掛けを、中世の人びとは編み出していたのである。頼長の命じた「夢祭」が効を奏したのか、多子は予定どおり、十日に無事に入内を果たした。

この「夢祭」とは、いったいどのようなことをするのか。じつは、それがよくわかっていない。ただ、必ず陰陽師が勤めるものだったようで、ずっと後年の室町時代、奈良興福寺の経覚《きょうがく》の日記『経覚私要鈔』(16)の宝徳二年(一四五〇)四月十四日条にも、

予、悪夢を見るの間、鬼気を祭るべきの由、陰陽師友幸に仰せ遣はすの処、明後日十六日然るべきの由、返答し了《おわ》んぬ、

と書かれていて、経覚は自分が見た悪夢を違えるため、奈良の陰陽師幸徳井友幸に「鬼気を祭る」ようにと命じている。そして十六日には、幸徳井友幸の代官として息子の友重がやって来て、「鬼気祭」を行った。その様子を記した経覚の日記には、

上下ことごとく□せしめて後、閉門し退出し了んぬ、今度この門をば一切開くべからざるの由申すと云々、用途百疋これを遣はす、

とあって、残念なことに、いったい何をしてから閉門したのか、肝心のところが解読できない。ともかく、悪夢を違えるために鬼気祭を行った後は閉門して、しばらくその門を開かないでおくという方法がとられたことだけは確かなようである。「鬼気祭」を行った陰陽師には、代金百疋（一貫文）が支払われている。

同じく室町時代の貴族万里小路時房《までのこうじときふさ》の日記『建内記《けんないき》』には、時房が夢を見て、霊気の道を断つために、陰陽師賀茂在貞《あきさだ》に頼んで「秘符《ひふ》」をもらい、これを門々舎屋に打ち付けたという記事がある。[17]あるいは、これも「夢祭」のひとつの方法だったのかもしれない。

鎌倉幕府が編纂した歴史書『吾妻鏡《あずまかがみ》』[18]の文応元年（一二六〇）五月十六日条にも「夢祭」が出てくる。鎌倉幕府の将軍宗尊《むねたか》親王が「御悩み」なので、この日祈禱と「鬼気ならびに御夢祭」を行った。

すると十八日には本復したという。

このように、平安時代から鎌倉時代そして室町時代へと時代が移っても、凶夢や悪夢を違えるために、「夢祭」「鬼気祭」が実施されている。夢の力は、中世の各時代をとおして、まだまだ人びとのうえに大きな影響力を及ぼしていた。

ところで、悪夢といえば、室町時代の将軍が見たというおもしろい夢の話がある。

当時、武家伝奏《てんそう》の役職にあった万里小路時房の日記『建内記』(19) 正長元年(一四二八)五月二十三日条には、このように記されている。

伝え聞くところによると、室町殿(将軍足利義教《よしのり》)が去る七日の日に夢をご覧になった。ミゾロ池から虹が立ち、それが将軍の口の中に立ち入ってしまったという夢だそうだ。陰陽師の在方賀茂在方卿《あきかた》にこの夢を占わせたところ、「御短命で、しかも百日のうちに兵乱が起きる前兆です」と申すので、驚きあわてて、十二日に「内外典御祭」を行ったという。

池から自分の口まで、虹が七色のアーチを描いて立つなんて、想像しただけでも心が躍る素晴らしい夢のように思える。しかし、それは今のわたしたちの感覚で、中世では虹は必ずしも吉兆ではなかった。虹が立つと「恠異《かいい》」として報告され、「卜形」が遣わされるなどの手が打たれている。(20) ここでも、義教の見た虹の夢は「短命で百日中兵乱」を示す凶夢とされた。

「伝え聞く」とあるように、万里小路時房自身はこの「夢祭」に参加したわけではない。後から聞いて知ったのだけれど、将軍の見た不思議な夢の内容や、陰陽師による「夢占い」、そして「夢祭」に至るまでの経緯をくわしく日記に書いており、人びとのあいだに聞き伝えられ広まっていく夢情報の動きを、ここに垣間見ることができる。

金鼓を打つ

先に、多子の入内を妨害される夢を見た藤原頼長が、陰陽師による「夢祭」を行ったことについて触れたが、頼長は、その時、同時に、清水寺と皮堂と六角堂で「金鼓（こんぐ・ごんぐ）」を打たせている。(21) 清水寺も六角堂も、夢を得るために参籠する場所としては、大変ポピュラーなところで、ここに参籠通夜して夢の告げを得た話はたくさんある。その夢見のメッカとも言える「聖所」を選んで、頼長は夢違えのために「金鼓」を打たせた。「金鼓」というのは金属製の音響仏具で、鉦鼓《しょうこ》などのような鉦《かね》のことである。これを撞木《しゅもく》でたたいて大きな音を出し、神仏の注意を喚起する。

よく知られているように、神仏の前で起請文《きしょうもん》を書いて誓約する時には、鐘や鈴が打ち鳴らされ、誓約の場に神を呼ぶ「神おろし」が行われる。(22) 金属音を響かせる「金打《きんちょう》」は、人の側にどうしても神仏に伝えたいことがあって、神仏にその場に来臨してもらいたいと望んだ時に、それを神仏に示す手段であった。「神おろし」のためには、普通に自然が生み出す音とは異なる、特別な音を人為的に出す必要があった。「夢違え」のために「金鼓を打つ」ことも、こうした考え方と深くつながっている。

では逆に、神仏の側から人に対して、音でもって、その意志を伝えてくることはなかったのだろうか。それに関して思いおこされるのが、先に見た、石清水八幡神に養女の呪詛《じゅそ》を願い出た女の話である(23)。神々は女の願いを聞き入れず、まったく違う解決方法を考え出して、それを隣で参籠していた男の夢に示す。男は、夢の中で神が放った「鏑矢《かぶらや》」の大きな音にびっくりして飛び起きるのだが、この大音響をとどろかせて飛んでいく「鏑矢」は、神が人のやり方今考え方に異議をとなえる時の意志表示であると思われる(24)。

「金鼓」を打つことによって生じる金属音、大きな音をたてて飛ぶ「鏑矢」、これらは人と神、神と人との交信を象徴する音であった。

夢の行程

ここまで、「夢見の作法」「夢あわせ」「夢祭」へと、「夢の行程」を追いかけてきた。夢はこうして、そのサイクルをひとまわりめぐり終える。夢は、中世の人びとがはりめぐらせた様々な仕掛けの中で、今日のわたしたちの思いもよらないような、大きな力を発揮する。

けれども、中世社会において夢が占めていた大きな比重、その広大な領域の全貌を見通すためには、もうひとつ大事なものが欠けている。

それは「夢語り」である。

考えてみると、夢を見るのは個人的な営為である。これは今のわたしたちの場合も、中世の人びともまったく変わりはない。夢見の場がいかに混雑していようと、隣で誰が祈ったり眠ったりしていようと、夢を見るのは個々人である。その限りで言えば、夢は、それを見た人の内に存在していて、他の誰かに話さない限り、その夢の内容は誰にもわからない。夢は、語られることによってはじめて、個の内部から外化して共同世界の中に投げ出される。夢は、「夢語り」を契機に、広い海へと船出するのである。夢の行程に、この広い海を渡っていく夢の姿を加えなければ、中世の人びとと夢との関わりをつかまえることはできない。

中世の人びとが、自分の見た夢を他者に語るのは、まず「夢あわせ」をする場合である。夢の内容を語らないで、「夢あわせ」をすることなど不可能だからである。しかし、それ以外にも、「夢語り」は多くの場で日常的に頻繁に行われていた。先の、春態が惣一に語った「夢語り」などは、そのほんの一例である。「夢語り」の様々なあり方を視野に入れて、はじめて中世の夢の全体像を把握することができる。そこで、以下の章では、この「夢見の個人性、夢語りの社会性」という視点を基本軸にすえて、中世の夢の世界の内奥へと進んでいきたい。

三　夢語りの禁止

代って夢を

先に見たが、『蜻蛉日記《かげろうにっき》』(1)に、石山寺で参籠中、夜な夜な礼堂《らいどう》でとても尊げに陀羅尼《だらに》を読む僧がいて、しかも去年から山籠もりして穀断ちをしていると言うので、「さらば祈りせよ」と、自分に代わって夢を得るように依頼する話がある。その僧はずいぶんたってから夢を見たと言って寄こした。けれど、それはおよそ道綱母子には似つかわしくない夢だったので、

結局は信頼のおけない者だったわ。本当にばかばかしい。もうこの夢の話は、おしまいおしまい。

ということになった。この僧の場合、報酬目当ての胡散臭《うさんくさ》い者だったのかもしれないが、この当時、自分に代わって夢を見るようにと頼むのは、とりたてて珍しいことではなかった。『更級日記《さらしなにっき》』(2)にも、僧に夢を見てくるようにと依頼する話がある。

母はとても古風な人で、初瀬（長谷寺）に出かけるなんて恐ろしいこと。奈良坂で、かどわかしに出会いでもしたらどうしよう、などと心配ばかりして、一緒にお参りに連れて行ってはくれなかった。その代わり、一尺の鏡を鋳させ、その鏡を持たせて、僧を初瀬に詣でさせた。「三日参

籠して、この娘の将来がどうなるのか、夢の告げを得てくるように」と僧を送り出した後、その参籠期間中、ずっとわたしにも精進させた。

このように、中世では、夢はそれを見た本人のものとは限らず、誰かのために代わって夢を見ることもできたのである。

むしろ、誰かのために夢を見ることが、その人に対する自分自身の忠節を示すものだ、という考え方さえあった。『台記《たいき》』の久安四年（一一四八）九月一日条では、藤原頼長《よりなが》が奈良の春日社と若宮社に参らせていた僧の一人兼祐《けんゆう》が、

近頃、多くの人が「吉夢」を見たといっては届けてくるという。けれども、自分こそが、内相府（頼長）への夢の告げを得ようと毎日祈り念じているのであって、他の人の見る夢に、霊験《れいげん》あらたかなものなどあろうはずがない。

と言い切っている。

代わって夢を見るといっても、『蜻蛉日記』のあやしげな僧からこの『台記』に出てくる僧まで、その打ち込み方にはずいぶん温度差があったのである。

主従の絆と夢

『曾我物語』(3)に登場する源頼朝とその家来安達盛長《あだちもりなが》も、夢を介して固い絆を結びあう主従の典型的な関係を見せてくれる。

源頼朝が伊豆で忍従の日々を送っていた頃、懐島《ふところじま》平権守景信《かげのぶ》と藤九郎盛長は主君頼朝のもとに泊まって宿直《とのい》をした。夜半にハッと目を覚ました盛長は、

今夜、この盛長は、君のために神仏がお示しになった霊験をこうむりました。ぜひとも、お耳をそばだて、お心を静めて、しっかりとお聞きになってください。

と、話しはじめる。夢の告げを主人に代わって得ることができるのは、大変な名誉であり誇るべきことであった。

君は矢倉嶽《やぐらがだけ》に腰を掛けられ、共の者たちが金や銀の大瓶《たいへい》・銚子《ちょうし》・盃《さかずき》でもってお酒を差し上げていました。そして、それを飲み干された後に、箱根にご参詣なされ、左の足で「外《そと》ケ浜《はま》」、右の足で「鬼界《きかい》ケ島《しま》」を踏み、左右の袂に月日をやどしたてまつり、小松を三本頭の上にいただいて、南向きにお歩きになられる、そんな夢を見たのです。

これを聞いて頼朝はとても感激し、実は自分も今暁不思議な霊夢を見たのだと言ってその夢を語る。すると、今度は景信が、その夢について「夢あわせ」をしてみせようと言い出して、

まず、君が矢倉嶽に腰掛けられているのは、関東八か国を本拠にして飛躍されることを示すものです。「外ケ浜」と「鬼界ケ島」とを両足で踏まえられたからには、日本国中くまなく支配なさるに違いありません。

と、この夢を解いてみせた。

頼朝が左足で踏まえていた「外ケ浜」というのは現在の青森県津軽半島の陸奥湾の海岸、右足の踏まえていた「鬼界ケ島」は現在の鹿児島県薩摩半島の南方にある硫黄島《いおうしま》である。この「外ケ浜」と「鬼界ケ島」は、中世日本国の東の境界と西の境界にあたる場所だとされていた(4)。それを両足に踏まえて立つ頼朝は、きっと近い将来、日本国全域を掌握するようになるだろうというのである。

主人に代わって夢を見る、しかもとびっきりいい夢を得る、それが家来の忠勤の度合いを測るものであった。また、その夢を誤りなく見事に解くことも、家来の力量を示すものであった。

『太平記』巻第二十「義貞《よしさだ》夢想の事」(5)に、新田義貞が見た夢を「めでたき御夢なり」と合わせる者が出てきて、諸人も皆これに同意する場面がある。しかし、ただ一人、この「夢解き」に賛同できない者がいたが、盛り上がるその場の雰囲気に水を差すのをはばかり、これを凶夢だとは言えずじまいに終った。その直後、義貞は敵軍の攻撃にさらされて、自害することになる。従者にとって、代わって夢を見ることも、また夢を合わせることも、主人の未来を直接に左右する重要な奉公だったわけである。

もちろん、『曾我物語』も『太平記』も物語としてこのような主従関係を描いているのだけれど、『台記』に見られる頼長と僧侶の関係、『更級日記』で娘のために夢の告げを得てくるようにと母が派遣した僧侶のあり方なども考えあわせると、中世では、夢を媒介とした主従関係や契約関係が、確かな実体のある「モノ」として機能していたことがわかる。

夢を取る

夢が「モノ」として売り買いされる話さえある。

備中国の郡司の子で「ひきのまき人」(6)という若者がいた。ある日、「夢解きの女」のもとに出かけて、自分が見た夢の「夢あわせ」をしてもらった。「夢あわせ」が終わってからも、しばらくそこで話し込んでいた。すると、ちょうど、従者を四、五人連れて、国司の息子がやってきた。郡司の子は、家の奥の部屋に入りこみ、穴から様子をうかがっていた。国司の子は、自分が見た夢の内容をくわしく女に話す。聞き終わって女は、「それは、本当にすばらしい幸運をもたらす夢です。かならず大臣に昇進なさること請け合いです。だから、決して絶対にこの夢を人に語ってはいけませんよ」と「夢あわせ」をした。国司の息子はとても喜んで、すぐさま着ていた衣を脱いで女に与え、意気揚々と帰って行った。

この一部始終を見ていた郡司の子は、「夢を取るということがある。ぜひともこの夢をわたしに取らせてくれ」と女に頼みこむ。国司は任期の四年が過ぎれば都に帰ってしまうが、郡司の子である自分はずっとこの地に住み続けるのだから、自分の方を大事にすべきだ、などと一生懸命に説得するので、とうとう女は承知し、

さらば、おはしつる君のごとくにして入り給ひて、その語られつる夢を、つゆもたがはず語り給へ、

と言う。先刻、国司の息子が入ってきたのと同じように入ってきて、彼が語った夢をそっくりそのまま少しも違わないように語りなさい。そう「夢解きの女」は言った。喜んだ郡司の子は、言われたとおり同じように女のところに入って来て、寸分も違わぬように夢語りをした。すると女は、先ほどと同様に夢を解いた。そして、郡司の子は衣を脱いで女に与えた。こうして、夢を取った郡司の子は、学識豊かな人物になり、唐にも渡って多くの学問などを日本に伝え、ついには大臣の地位にまで昇りつめた。一方、夢を取られた国司の子は、たいした官職にも就けないまま生涯を終えた。

「夢解き」にとっては、このような夢が語られればこのように合わせるというプロセスが肝心なところで、誰が見た夢なのか、誰がそれを語るのか、は問題ではない。それゆえ、他人の夢であっても、その夢をビデオテープのリプレイのように寸分違わず語ることができれば、同じ「夢あわせ」を得られることになる。しかし、仮にそうだとして、同じ夢を語って同じように「夢あわせ」を得た二人であるのに、なぜ前者がそれを取られ後者が取ったことになるのか、そこになぜ夢の所有者の転換が起きるのか、という疑問は残る。しかも、この話の題は「夢買ふ人の事」となっていて、郡司の子は夢を盗み取ったのではなく買い取ったのだと解釈されている。けれども、国司の子と郡司の子のあいだでは、直接に夢を売買するようなやりとりはない。そもそも、二人は、対面してもいない。「夢あわせ」をしてもらった国司の子は、着ていた衣を脱いで女に与え、郡司の子も同様に衣を脱いで女に与えている。つまり、「夢あわせ」の代価は、二人とも支払っているのである。

するとこのやりとりのなかで、夢の所有者が誰なのか、その決定権を握っているのは「夢解きの女」だ、ポイントは「夢解きの女」の役割だ、ということになる。この点について、古川哲史氏の『夢　日本人の精神史』(7)では、「これは偉大な商品価値を夢は持っていたからで、夢ときの女はこの商品に値をつける商人のような役割をつとめていたのである」と説明される。これに対して、西郷信綱氏の『古代人と夢』(8)は、「宇治拾遺の話についてそのようにいうのは、やはり少し無理に聞こえる。そうでないにしても、なぜ夢というはかないものが《商品》になりえたか、そのへんの消息を解明してみなければならない」と、重要な問題を提起している。

「なぜ夢というはかないものが《商品》になりえたか」、これはすぐには解けそうにない難問である。けれどもこの『宇治拾遺物語』の話が、

されば、夢を人に聞かすまじき也、といひ伝へたり。

と結ばれていることに象徴されるように、「夢を語る」という行為に、この問題を解くためのカギがひそんでいる。

夢をめぐる姉妹

明恵房高弁《みょうえぼうこうべん》は鎌倉時代初め頃の僧で、京都の高山寺《こうざんじ》を開いた。長い期間にわたって自分の見た夢を書きとめた「夢記《ゆめのき》」を残していることでも有名である。(9)その伝記「高山寺明恵上人行状」(10)によれば、

明恵が誕生する時、母と叔母が不思議な夢を見ている。

明恵の母は、紀伊国の武士湯浅宗重《ゆあさむねしげ》の第四女であったが、京都四条坊門《しじょうぼうもん》高倉の宿所から六角堂に「万度詣」を計画し、一万巻の観音経を読んで勤行《ごんぎょう》に努め、尊い仏弟子となる子息をさずけてくれるようにと一心不乱に祈請した。承安元年（一一七一）四月頃、高倉の宿所で妹の崎山《さきやま》女房と枕合わせに眠っていた時に夢を見る。それは、ある人の手から柑子《こうじ》を得るという夢であった。この夢を妹に語って聞かせると、妹もまた、

わたしも今夜、夢を見ました。ある人が白い小さな土器《かわらけ》に大きな柑子を二つ入れて、わたしにくれようとしたのに、これを見ていたあなたが、「これは、わたしにくださったものよ」と言うが早いか、奪い取ってしまわれました。

と語った。こうして生まれたのが明恵だという。この話について奥田勲氏は、「これは単なる高僧伝の典型というより、明恵が生涯深くかかわった夢の世界の端緒が示されていると考えるべきであろう」(11)と指摘されている。自分の誕生に深くかかわるこの夢について、明恵自身が「夢解き」をし、この二つの柑子は華厳《けごん》・真言《しんごん》の二宗を表しており、だからわたしは今、華厳・真言の二宗の末流なのだと述べている。

この姉妹の場合、姉が妹の夢を取ったわけではない。けれども夢の中で、象徴的存在である柑子を妹から奪い取っている。姉も夢で柑子を得ているけれども、それがいくつだったのか、大きかったの

か小さかったのか、といったくわしい状況は示されていない。それに対して、妹の夢では、大きな柑子が二つ、小さな白い土器に入れられて、と目に見えるように具体的に語られる。その実在感は妹の夢の方がはるかに強く、むしろ二つの柑子を得るべきは妹の方ではなかったかと思われるほどである。しかし、「これは、わたしにくださったものよ」とキッパリと言い切って柑子を奪い取った姉の方が、明恵を生むことになった。確たる意志をもって柑子を手にすることこそ、その持ち主にふさわしい行動と評価されているようで、ここでも、柑子を奪い取った行為そのものはまったく問題にされていないのである。

『曾我物語』「時政が女《むすめ》の事」(12)も、同じく夢をめぐる姉妹の話である。北条時政の娘の「十九の君」が、次のような不思議な夢を見た。

いづくともなく、たかき峰にのぼり、月日を左右《さう》の袂《たもと》にをさめ、橘の三つなりたる枝をかざす、夢から覚めて、たとえ自分が男子の身であっても自らが「月日を取る」ことはないだろう。まして や女の身で、それは思いもよらないことだ。そう考えた「十九の君」は、なぜこのような不思議な夢を見たのか、姉に尋ねてみることにした。

姉の「二十一の君」は、女性ながら才覚人《さいかく》にすぐれたる娘で、くわしい夢の内容を聞くと即座に「まことにめでたき夢なり」と判断し、ぜひともこの夢を買い取ろうと決意する。そこで妹に対して、「この夢、かへすがへす恐ろしき夢なり」と脅し、「悪い夢を転じ変えて難をのがれる方法がある。それは夢を売り買いすることで、わたしがこの夢を買い取ってあなたの難を除いてあげましょう」と言葉巧みに説得する。妹は喜んで夢を売り渡すことにした。姉は、北条の家に伝わる唐《から》の鏡に唐綾の小袖一かさねを添えて妹に渡し、夢を買い取った。その結果、姉は源頼朝の妻となり、生まれた子供も頼朝の後を継いで鎌倉幕府の将軍になった。

ここでも、夢を取った姉は非難されるどころか、「女性《によしよう》ながら才覚人にすぐれしかば」と高く評価され、日頃の所望がかなって鏡が手に入ったと喜ぶ妹は「おろかなる」者だとされている。(13) 人の夢を買い取るのは、けっして悪いことではない。むしろ、多くの知識を持ち判断力や決断力に富んだ者の行動だとして、プラスイメージでとらえられているのである。

夢の所有者

代わって夢を見るとか、夢を取るとか、夢が「モノ」のようにあつかわれ、やりとりされる様子を見ていると、いったい夢の所有者はどこで決まるのだろうか、という疑問がわいてくる。

夢の所有権など、今日のわたしたちには思いもよらない問題で、夢は夢を見た本人のものに決まってるじゃないか、と誰もが言うに違いない。そもそも、夢の所有にどれほどの重要性があるというのか。せいぜい、夢はその人の深層心理を象徴的に表すというぐらいの意味しかないのだから、他人の夢を自分のものにしたところで、なんの利益もありはしない。

けれども中世では、夢は神仏から届けられた大切なメッセージであり、それが自分の未来を予言するもの、将来を左右するものと考えられていた。夢に対する信仰や信頼のとても大きかった時代である。そこでは、吉夢は無限の可能性をもった大切な「モノ」であった。それを手中に収められるかどうかが、これから自分の人生を切り開いていくうえでのキーポイントになる。そういう時代だったからこそ、夢の所有権の所在が大問題となるのである。

そもそも夢の所有権がどこで発生するのかを考えるため、まず夢をめぐる動きを三つの段階に分けてみることにしよう。(14)

一、夢を見ている段階

二、目覚めた段階

三、夢に脈絡を付け、意味を付与する段階

第一段階の夢を見ている時には、わたしたちはそれを夢だとは思っていない。現実に実在する世界だと思って、その中で行動したり考えたりしている。ところが、目覚めてみると、それが夢であったこと、夢の現実は幻だったことを知る。現実から非現実への転回がおきる。これが第二の段階である。しかし、それでは夢の世界はまったくの非存在、ゼロになってしまうのかというと、決してそうではない。よみがえってくる夢の世界は、覚醒状態での想像を遥かに越えた存在であることをわたしたちに強く意識させ、そこで見た事象の意味するものが何だったのかを考えさせ、その脈絡をたどらせようとする。夢の解釈が始まる。自分が見た夢を想い起こし、誰かに語ったり記述したりする時には、必ずそこに解釈と意味づけがなされている。これが第三の段階である。

夢をめぐるこの三つの段階区分は、夢を見、そして目覚めたすべての人びとに共通する経験である。それはむかしも今も変わりはない。むかしの人も、目覚めた時に、今見ていたのは夢だったのかと認識しただろうし、さらにそれをあれこれと想い返したに違いない。しかし、この第三の段階、夢を解釈し、夢に意味と価値を付与する段階、そこに時代による大きな違いが生まれてくる。中世において夢の所有者はどこで決まるのかという問題も、おそらくは、この第三段階の実態を追いかけることによって、わかってくるのではないだろうか。

『更級日記』に「清水参籠」の話がある。(15) 先に見たように、作者の母は古風な人だったので、石山や初瀬への物詣などは危険極まりないとして実現せず、近くの清水寺への参籠がやっとだった。ちょうど彼岸の頃だったので、清水寺はとても混雑して騒がしかった。打ちまどろんだ時に夢を見たには見たが、それについては「誰にも語らず、心にも思いとどめず」退出してしまった。誰にも語らず、心にもとどめないで、時とともに忘却の彼方へ、という夢は数多い。今日のわたしたもの夢のほとんどは、こうして消えていく。

しかし、『更級日記』の作者は、後年、この時のことを記憶の底から引っぱり出し、夢の中にどんな人が出てきて何を言ったのかを、くわしく『更級日記』に書いている。じつは夢を見た時点で、夢の脈絡をたどり、その意味を考え、それを心の片すみにひっそりと忍ばせていたのである。けれども、

『更級日記』を書くまでは、この夢を自分の内から外に出すことはなかった。第三段階の夢の意味づけを個人の内部で終了させ、「誰にも語らず、心にも思いとどめず」という状態に終始してきた。そこには、夢の所有者が誰か、などという問題は生じてこない。夢を人に語って聞かせる、自分の内から外へと外化させ、広い共通の場に持ち出すことによって、夢の所有権という問題がおきてくる。だから、夢を取られたくなければ、「夢を人に聞かすまじ」という教訓は、まさに当を得たものだったわけである。

夢語りの禁止

中世の夢の話には、「夢語りの禁止」を奨めるものが多い。

『大鏡』に藤原師輔《もろすけ》が若い頃に見たという夢の話がある。(16)その夢は、朱雀門《すざくもん》の前で、左右の足は東西の大宮大路を踏まえるようにして立ち、北向きに内裏を抱いている、

というスケールの大きなものであった。それを語った時、ちょうど御前にいた小賢しい女房が「それはどんなにか股が痛かったことでしょう」とバカなことを口走ったため、せっかくの吉夢が「夢違え」となってしまって、結局は摂政関白《せっしょうかんぱく》の地位に就けずに生涯を終えた。「夢違え」は悪夢や凶夢を転じる場合だけでなく、その逆もあり得たのである。

どんなにすばらしい吉相の夢だって、悪しざまに合わせたりすれば違ってしまうと、昔から言わ

れているではありませんか。だから、軽率な、物の道理のわからないような人の前では、決して夢を語ってはいけませんよ。

これとまったく同じパターンの話が、『宇治拾遺物語』の「伴大納言《ばんだいなごん》の事」(17)にある。むかし佐渡《さど》国の郡司の従者であった伴善男《とものよしお》が夢を見た。奈良の西大寺と東大寺をまたいで立っている夢であった。これを妻に語ったところ、「それでは股が裂けてしまうでしょうに」と、とんでもない「夢あわせ」をしたので、善男は後に都で大納言という高い地位にまで昇ることができたが、結局は罪を犯して罰せられてしまう。

「夢語りの禁止」が声高に主張されるのは、物語の中ばかりではない。『日本文徳《もんとく》天皇実録』仁寿三年（八五三）九月朔日条に延祥僧正が死去した記事があり、その生涯を簡略に記した中に、(18)

延暦七年（七八八）、延祥の師の護命《ごみよう》僧正が春日寺で涅槃経《ねはんぎよう》を講じ、延祥はその聴聞に預かった。その時、護命は延祥に「汝、夢を見たか」と問いかける。「はい、見ました」と答える延祥に対して、護命は「わたしにそれを話してくれ」と言う。そこで延祥は、「夢で、わたしは七重塔の上で仰向けに横たわっておりました。すると空に日が三つも並び出てきて、その光は私の満身を照らしました」と話した。これを聞いた護命僧正は、「これは吉夢だ。吉夢は人に言うべきでないという。慎んで、決して人には語るまいぞ」と忠告した。

とある。この夢は、延祥の生涯の重要なエピソードとして周知の事実となっていた。だからこそ、その死亡記事で生前の事績をたどるなかに、このように書かれているのである。「決して人には語るまいぞ」という忠告は守られなかった。師の護命か、延祥本人か、あるいはその場に居合わせた誰かが語ったか、いずれにしても、この希有な夢は語られ、延祥がただ者でないことを示す証左として広く伝えられていった。この話はさらに、室町時代に完成した『壒囊鈔《あいのうしょう》』(19)という辞書では、「夢想なんどに日を見たるは目出たき事」の一例としてあげられ、七重塔の上で三つの太陽に照らされた延祥の母が、こうして延祥を懐妊したのだ、という話に変化している。語ることを禁じられたはずの延祥の夢が、このようにポピュラーな話に発展していく様子を見ていると、中世の「夢語りの禁止」がどれほどの規制力をもっていたのか、おおいに疑問である。

日本国を捨てる神

たしかに、「夢語りの禁止」は何度もくりかえし主張されている。しかし、よく見ると、ただやみくもに「夢語り」はいけないというのではない。

心知らざらん人の前に夢語りな

とあって、つまらない者にそれを語って、せっかくの吉夢を台無しにしないよう、語る相手を見きわめ、すぐれた相人に語って正しく「夢あわせ」をしてもらうように、というのが「夢語りの禁止」の主旨であった。あちこちで様々な夢が語られ、それを誰もが勝手にいろいろと夢あわせをし、そうした夢情報が氾濫して人びとの心をまどわし、収拾がつかない状態になってしまうことを恐れる気持ちが、「夢語り」にブレーキをかけ、一定の秩序のなかに押し込めておこうとする動きを生み出した。

鎌倉時代の説話集『古今著聞集《ここんちよもんじゆう》』と、同じく鎌倉時代に作られた歴史書『百錬抄《ひやくれんしよう》』に、仁安元年（一一六六）六月から七月にかけて起こった、次のような一連のできごとが記されている。(20)

六月、仁和寺辺《にんなじのあたり》に住んでいた女が夢を見た。それは、天下の政があまりに道にはずれているので、賀茂大明神は日本国を捨てて、他所に移られるつもりだ、というものだった。そして七月上旬、今度は賀茂社の祝《はふり》である賀茂久継《かものひさつぐ》が、これとまったく同じ夢を見た。賀茂の神が日本国を捨てられるとは一大事だというので、賀茂社司らが内裏と摂政邸に参って、この夢を注進した。朝廷では、陰陽師の安倍泰親《あべのやすちか》・時晴《ときはる》を召し出して占わせたところ、両人とも「これは実夢です」という。

六月に仁和寺辺の女が、そして七月に賀茂社の神官が、ともに同じ夢を見た。古くから「二人同夢」は確かな夢だとされる。(21)それなのに、この報告を受けた朝廷は、さらに陰陽師を呼び出し、この夢の話が本当かどうかを占わせた。陰陽師の判断こそが、何よりも確かなものだと、権威づけるやり方である。ここには、「夢語りの禁止」と同じ共通の秩序意識が流れている。

賀茂社の神が、時の政治のやり方は不法だとして、日本国を見限って他所に移るというのは、為政者にとって、ゆゆしき事態である。この夢には、時の政治に対する厳しい批判が含まれている。それだけに、そうした夢情報が一人歩きするのを抑えるために、これが実夢なのかどうか、確かな判断を示す必要があった。正規の手続きを経て、その夢が本当に神の意志を反映したものだと認定されれば、朝廷では、「天下の政」を省み、対処する姿勢を示さればならなかった。こうして見てくると、中世の夢は、今日の社会でいう民意とか世論の反映という側面をもっていたことがわかる。

夢語らずの日

鎌倉時代に成立した百科全書的な故実《こじつ》書『拾芥抄《しゅうがいしょう》』には「夢語らずの日」というものが決められている(22)。

夢語らずの日、〈件の日に語ると、吉夢滅して悪夢凶と成るなり、〉

正月未申戌　二月巳申亥酉　三月申戌酉　四月未亥卯　五月子午亥卯　六月子丑午亥
七月辰子卯丑　八月寅亥子辰　九月寅辰亥　十月辰巳　十一月申戌未　十二月午未亥

この日に夢を語ると、吉夢も凶夢になってしまうというのである。

『玉葉』の文治二年（一一八六）六月八日条に、この「夢語らずの日」に関する興味深い記事がある。一昨日の丑の刻に夢を見たといって、前飛驒守有安という者が九条兼実《かねざね》のもとへ夢の記録を献上してきた。その夢の記録は「夢記」と呼ばれている。その夢の内容は、このたびの九条兼実の摂政就任は、神も仏も強く支持しているのだというもので、兼実のもとに注進されてくる多くの夢に共通した内容であるが、おもしろいのは、この「夢記」の後段に書かれていることである。有安は、夢の内容をくわしく書き連ねた後に、

わたしは、夢の中で夢から覚めました。世間で様々に取り沙汰されていることについて、このよ

うに確かな夢に見るのは、たいそう珍重殊勝のことなので、早々に、忘れないうちに書き付けて、殿下に献上しようと思いました。けれど、夢には「語らずの日」というのがありますので、暦を取り寄せて調べてみることにいたしました。すると、そのとたんに、夢から覚めました。

と書いている。夢の中で夢から覚めて、いろいろと思案し、そしてつぎに本当に夢から覚めたというのだから、夢見の時と覚醒時の区別がつき難いという問題をいっそう複雑にさせているが、注目されるのは、兼実に夢を献上しようとした有安が、いやいや待てよ、夢には「語らずの日」というのがあったから、まず暦を見て、その日を避けて注進しようと思った、という点である。「夢語らずの日」に「夢記」を注進したのでは、せっかくの吉夢も凶夢に転じてしまうことを心配しての配慮であるが、これは逆の見方をすれば、「夢語らずの日」が決められていて、それ以外の日には、おおいに夢を語ってもいいと考えられていたことを意味している。

このように、「夢語りの禁止」の実態を見れば見るほど、なんと中世社会は「夢語り」の氾濫した時代であることか、と思わずにはいられない。それに歯止めをかけようという動きも、「夢語らずの日」のようなかたちで定着していったのだとすれば、暦を見て、今日一日は「夢語り」を我慢しよう、明日語ればいいじゃないか、といった類の問題にすぎない。とにかく、中世の人びとにとっては、夢に出てきたあの人に、一刻も早く夢の内容を知らせることこそが、「夢語りの禁止」などよりも、ずっとはるかに重要だったのである。

四　夢語り共同体

ねえ、あのお家で何してたの？

夢に深い関心をもっていたアルゼンチンの作家ボルヘスは、講演で次のように話している(1)。

私自身の思い出をお話しましょう。私の甥は、当時五つか六つだったと思いますけれど……、毎朝、自分の見た夢を話してくれたものでした。ある朝、甥に……何の夢を見たのか訊いたのを思い出します。私にその趣味《ホビイ》があるのを知っていたので、甥はすなおにこう答えました。「ゆうべは森に入っていく夢を見たよ。こわかった。でも明るいところに辿り着いたんだ。白い家があった、木でできていて、廊下みたいな段々のついた階段があって、それがぐるっとひと回りしていて、それから戸があったんだ、その戸から伯父ちゃんが出て行った。」突然、言葉を切ると甥はこう訊きました。「ねえ、あのお家で何してたの？」

彼にとっては目覚めていることも夢も、すべて同一平面で生起していたのです。

（『七つの夜』野谷文昭訳）

中世の人びとは、この子供のように夢と目覚めていることとを同一平面のものとは考えていなかったけれども、夢にも覚醒時と同じ実在性を感じていた。しかも、夢は現実を先取りして示すものと考えられていたから、夢に出てきた人や夢で話題になっていた人と、目覚めてから会うことがあれば、必ず自分の見た夢の内容を語り、そして夢の中で彼がとった行動の意味や理由などを尋ねた。その点では、中世の人びとは、ボルヘスの幼い甥と同じであった。

それは正夢です

藤原行成《ゆきなり》の日記『権記《ごんき》』の長保三年（一〇〇一）二月三日条(2)によると、この日、結政《かたなし》の儀式が行われたので、行成は宮中に出かけた。その儀式の最中、行成は陣の座でしばらくうたた寝をし、夢を見た。夢には一人の人が現れ、行成に一通の封書を差し出した。

「誰からの書状ですか？」

「権中将からの消息です」

それを聞いて行成は、夢の中で、これはきっと権中将源成信が出家することを告げた書状にちがいないと思った。そのとたんに夢から覚めた行成は、すぐに参内して、左大臣藤原道長をさがした。なぜかというと、この権中将の母と道長の妻が姉妹だという関係もあって、道長は権中将成信を自分の猶子にしていた。だから行成は、夢の内容をまず権中将の父にあたる道長に伝えようと思って、まず彼をさがしたのだ。けれども、道長は三条宮に行ってしまった後だった。行成は急いで三条宮に向かったが、すでにそこも出てしまっており、結局道長には会えなかった。

次に向かった一条院で、たまたま夢に出てきた権中将成信本人に出会ったので、行成は早速、先ほど自分が見た夢の内容を語った。聞き終わった権中将成信は、笑って、

「それは、正夢です」

と言った。そして、その夜のうちに、権中将成信と前少将藤原重家は共にそれぞれの家を出て、それっきり帰ってはこなかった。二人は一緒に三井寺《みいでら》に行き、剃髪を遂げたのだった。『権記』には、この記事の後に、二人の略伝が載せられている。そこでは、少将重家について、「所謂《いわゆる》、親友知識の誘引者か」と記している。少し年長の少将重家の方が、二人の行動のリーダーシップをとっていたのではないか、というのである。

じつは先月の晦日に、この二人は固い約束を交わしていたという。そのことが、三日に行成の夢というかたちで示され、その夢の内容を行成から聞かされた成信は、いよいよ決行の時が来た、神仏もこれを支持なさっている、われわれを後押ししてくれている、と感じた。笑って「それは、正夢です」と答えた権中将成信の心は、この時ハッキリと決まった。

今のわたしたちなら、他の人から、「自分の夢にあなたが出てきて、これこれこういうことだったのだけれど、それはどうしてなの」と尋ねられても、「そんなことは、わたしには、まったくわかりません。だって、それはあなたの見た夢でしょう」と答えるしかない。しかし、中世の人びとの夢に対する認識では、それがまったく、そうではなかった。他者の見た夢であれ、そこに自分が登場すれ

ば、それは自分の未来に関する神仏からのメッセージであったし、夢を見た側も、だからこそ、ぜひとも本人にこの夢の内容を伝えなければならない、と思ったのである。

二十三歳と二十五歳の若者が二人、一人は左大臣藤原道長の猶子、もう一人は右大臣藤原顕光《あきみつ》の一人子という恵まれた境遇の二人が、同心して出家してしまったというので、これはおおいに注目される事件となった。しかも、行成の夢が「予知夢」としてかかわっていたことが喧伝されると、人びとの関心はいよいよ高まった。この話は、以後、『今鏡』『古事談』『発心集《ほっしんしゅう》』『続古事談』『愚管抄《ぐかんしょう》』などにも取り上げられ、広く伝承されていった。(3) その中には、この二人の若い貴族を、「照中将・光少将」と並び称しているものもある。

閉鎖的ではない「夢語り共同体」

これまで何度も取り上げている日記『玉葉《ぎょくよう》』には、九条兼実とその周辺の人びとが、夢を語りあう様子がくわしく記されている。それを追いかけ、そこに成立している世界を「夢がたり共同体」と呼んだのは、菅原昭英氏である。(4)

兼実に直接かかわる夢を見たといって、兼実に語って来る人びとは少なくない。三、四人の妻妾たち、子息の良通と良経、異母姉だが良通の養母になっていた皇嘉門院、同母弟の天台僧慈円、叔父の南都僧信円、藤原基輔や僧覚乗といった妻室の兄弟たち、頼輔入道や源季長らの家司《けいし》たち、智詮・信助・実厳・仏厳などの祈禱僧や陰陽師安倍広元などなど。兼実を中心として運命の浮沈を共にする人びとが多い。彼らは、吉夢や最吉夢を兼実に報告するたびに、共に一喜一憂し、心理的一体感を確かめ深めていたにちがいない。夢がたり共同体とでもいうべきだろう。

菅原氏はこのように、「運命の浮沈を共にする」ような人びとが夢を語り合って「心理的一体感」を深めていく関係を、「夢がたり共同体」と名づけて、中世社会に特徴的な夢語りの世界をクッキリと浮かび上がらせた。

しかも、菅原氏はさらに興味深い指摘をされている。

この仲間は、必ずしも閉鎖的でなかった。源季長は彼につかえている侍の夢を、また慈円も或る僧の夢を兼実に伝えている。……直接面会して語らない時は、「夢記」「注送」「注進」など文書にしている場合も少なくない。

夢を兼実に献上した前飛驒守有安も、そうした者の一人である。兼実は、この年文治二年（一一八六）の三月に、念願の摂政・氏長者《うじのちょうじゃ》の地位に就いた。けれども、なおその地位を競望する勢力が根強く残っていた。そういう中で、神仏の使者だと称する蛇が後白河院の御所に現れ、兼実の摂政就任は神仏の絶対的な支持を得ているのだと託宣を伝えたという有安の夢は、兼実にとって、何にも増して力強い味方であった。注進された「夢記」の内容を、「希代の事」として特にわざわざ日記に記した兼実は、有安と直接対面してはいないけれども、ともにこの夢を語り合っている心境だったのではないだろうか。

「夢語り共同体」が、兼実を中心とした同心円構造のなかの限られた人びとのあいだに形成されている閉鎖的な世界ではなく、その円の外側に向かって開かれた社会性をもっていたという菅原氏の指摘は、中世の「夢語り」を考える時の、重要なキーポイントになってくる。

まだこの花は常のこの春

この菅原氏の発見された「夢語り共同体」を、たいへん興味深いものだとして注目された横井清氏は、同じような「夢語り共同体」が、後世、室町時代の伏見御所においても生み出されていた事実を示された。(5)

ここでの「夢語り」の焦点は、伏見宮貞成《さだふさ》の子、まだわずかに七歳の彦仁《ひこひと》の将来である。その頃、称光天皇の病状は思わしくなく、父である後小松院も天皇の回復に絶望しているような状態であった。天皇の弟小川宮も二十二歳で急死した。その中で、次の皇位継承者として、伏見宮家の幼い若宮彦仁の名がしきりに取り沙汰されるようになっていた。ちょうどその頃、伏見宮貞成は夢を見る。応永三十二年（一四二五）八月十日の暁のことである。

故菅宰相秀長卿が和歌を二、三首詠んで進上してくれた。他は覚えていないが、そのうちの一首だけは特に記憶に残った。

開くべき時はきぬぞと聞きながらまだこの花は常のこの春

この歌の内容は、「もう開く時がやってきている、今にも開花するだろう、そう人びとが語るのを聞いているのだが、目の前のこの花は、まだ、いつものとおりに、春の日を無心に過ごしている」というようなところであろうか。貞成は夢の中で、近日、若宮のことを世間で話題にしているが、この歌はそのことを詠まれたのに違いないと思った。

これは「天神の御詠」であり、もちろん吉夢として信じるに足るものである。そう貞成は考え、とても喜んでいた。するとまた夢想があって、今度は僧が一人現れた。その僧は、ただ一言、

「伏見宮家一流の御運再興は、確かにまちがいなく決定されましたぞ」

と言った。

祖父崇光天皇以来、皇位から遠ざかっていた伏見宮家の一流であったが、それが再び興隆する日は近い。夢の告げは明瞭にそう語った。この二度にわたる夢想を、貞成は早速、家来の源宰相や重有朝臣に語って聞かせた。これを聞いた彼らは、「それは瑞夢に違いありません」と、たいそう喜んだ。

この伏見御所を核として形成されていた「夢語り共同体」について、横井氏は、強固な連帯感で結ばれた貞成親王とその同志たちは、皇位回復の執念を、ある時は『源氏』の講読に、ある時は和歌会・連歌会の営みに、絶やすことなく灯し続けた。背には、たいせつな節目節目に送り届けられてくる神仏の「夢告」の支えがあり、前途には、期待・希望としての「夢」を見失わなかったからである。

と表現されている。

神人の夢想

同じく室町時代に、これらとは少し違った「夢語り共同体」も生まれている。

応永三十一年（一四二四）六月十四日の昼頃、石清水《いわしみず》八幡宮のあたりで撞《つ》く早鐘《はやがね》の音がし、近隣に鳴り響いた。鐘は翌十五日も十六日も絶え間なく打ち鳴らされ、緊急事態の発生を告げていた(6)。聞こえてきた情報によると、石清水八幡宮に仕える神人《じにん》たちが、八幡宮の社務である田中法印の罷免を求めて訴訟し、薬師堂に閉籠している。もしも、この訴えが聞き届けられないなら、立て籠もっているこの薬師堂に火を放って焼き払ってしまうぞと神人たちは主張し、いつでも火をつけられるように御堂の軒に大松明《たいまつ》を立て並べ、強硬な態度で臨んでいるという。しかも、この動きは神人たちだけではなかった。八幡四郷と呼ばれるこの地域の郷民たちも賛同してこれに加わり、大勢で陣を張って閉籠しているとのこと。石清水八幡宮のある男山と、その山麓の村々は、たいそう緊迫した状況にあった。

後小松上皇は社務の田中融清《ゆうせい》法印を贔屓《ひいき》しており、彼を改替するなどとんでもないことだと主張した。幕府も、室町第で足利義持を中心に御前評議が行われ、義持は「薬師堂を焼失したとしても、なんの痛手があろう。またもう一度、造営すればいいではないか。それよりも、神人たちを攻め殺し、神人の家も山下の在家もことごとく焼き払って、この動きを鎮圧せよ」と諸大名に命じた。そこで、一色・山名・土岐・赤松・佐々木・京極氏らが軍勢を動かした。石清水八幡宮の山上も山下も、武装した兵士たちでごったがえしているという。

立て籠もる神人や郷民方、攻める幕府軍方、双方の対立が頂点に達したころ、一人の神人が夢を見た。

白い蛇が四匹、頭を並べて薬師堂に入っていった。

この「神人夢想」の話は、またたく間に、立て籠もっている者たちはもちろん八幡四郷の村々全域にひろまっていった。これは神や仏が神人たちを擁護してくれるしるしだ。神仏は自分たちの行動を支持してくれている。そのように夢は語られ、神人や郷民たちを勇気づけ、その結束を強めた。

それに力を得て、薬師堂に立て籠もる神人や郷民たちは、幕府の軍勢を相手に果敢に防戦した。甲冑を着けた諸大名の軍勢が次々と八幡に押し寄せ、一色勢は薬師堂の近辺にまで迫った。一気に攻め上ろうとしたが、立て籠もっている神人たちが石弓をもって攻撃をかけてくるので、殺されたり、負傷する者も出た。神人方にも負傷者はいるが、死んだ者はいない。神人たちは、薬師堂の後ろの岩屋堂に立て籠もり、これに火を放った。山上で火の手があがれば、それを合図にと、前々から示し合わせていたのだろうか。山麓の在家の者や神人の妻子たちが自ら家に火をつけ、多くの家々が炎上した。この混乱に乗じて、四人の神人が、今度は八幡宮の本社を占拠し、閉籠してしまった。幕府軍の攻撃から二日たっても抵抗は続き、幕府勢にはさらに斯波《しば》・畠山勢も加わって八幡宮の一帯を包囲した。水を止めて、立て籠もっている者たちを降参させようというねらいであった。けれどその日は、とてもひどく雨が降り、天も神人たちに味方しているように思われた。

山上・山下の騒動をさらに過熱させたのが、巫女の動きである。巫女は「物狂《ぶつきよう》」となって種々の託宣を告げた。託宣の具体的な内容は知られていないが、先の「神人夢想」と同様、おそらく神人たちの行動を神仏が支持しているということを示すものだったに違いない。これに対抗して社務の側では、屈強の若党が巫女を社務の坊に連行して、神託の実否について厳しく糺問した。この巫女は神人の妻で、これに明確な返事をしなかったため、なお様々に誡《いまし》めを受けた。その後、不思議なことに、この若党が京都に上っていく途中、鳥羽でにわかに眠気を覚え、淀川の岸で休んでいるうち眠るように川の中に落ち、流されて死んでしまった。眠り込んで川に落ち水死するという異常な死に様で、きっとこれは、巫女を糺問したことにより神罰を受けたのではないか、と人びとは語り合ったという。

早鐘が鳴り響いた六月十四日から、一か月近くが過ぎた。「夢語り」や「神託」や「恵みの雨」に支えられて、大名たちの軍勢による攻撃にさらされ食責め水責めにあいながらも、神人たちの立て籠もりは続けられていた。そして七月十三日、とうとう管領《かんれい》畠山満家《みついえ》の和解案が出された。社務融清法印は改易、神人たちは退散、諸大名軍は撤退。その案を受け入れ、翌十四日の朝、神人たちは退散し、諸大名の軍勢も引き退いて、「無為、天下大慶」ということになった。

音を施す

天皇や摂関の地位に就くというような大それたものでなくても、また神人蜂起のような大きな動きでなくても、人びとは日々の生活の中でささやかな望みや願いを抱き、その実現への希望を神仏から届けられる「夢の告げ」につないで生きていた。

「粉河《こかわ》寺縁起」に、次のような話がある。(7)

近衛府《このえふ》の役人で京都右京西七条に住む為元には、最愛の一人娘がいた。娘は生まれつき言葉を発することができず、両方の目が見えなかった。父の為元が京都嵐山の法輪寺という寺に参籠して祈請したところ、夢の示現にいうことには、「娘は前世の報いで生瘂《せいあ》となり盲目となっている。紀州粉河の観音に祈るべし」とのことであった。夢から覚めると、父母は娘を伴って、粉河寺に参って一心に祈請した。夢の中に薄墨《うすずみ》の衣を着た高僧が現れ、仏前の大盤石《ばんじやく》を指して「これは堅固なものか。動くことがあると思うか、ないと思うか」と尋ねた。為元は「とても堅固なものですから、動くことなどないでしょう」と答えた。すると高僧は、「この娘の病も、この石のように堅固で変わることがないだろう」と言った。すがるように為元が、「この盤石は仏の力をもってすれば動かせるのでしょうか、それとも動かせないのでしょうか」と問いかけると、「仏力をもってすれば可能だろう」と高僧は答えた。これを聞いて為元は、「わたしたち両親と、この病の娘を打ち殺してください。最愛の一人娘の病が癒えないというのなら、わたしたちは生きていても何の甲斐もありませんから」と思わず叫んだ。それに対して高僧は、「娘の瘖瘂《おんあ》については、音を施すことにしよう」と言った。夢から覚めた為元の耳に飛び込んできたのは、初めて父を呼ぶ娘の声であった。

この話では、法輪寺の夢の示現の後、ただちに父母が娘を連れて紀伊国粉河寺に参詣し、仏の力によって音が与えられたことが強調されている。そのため、京都から紀伊の粉河寺まで、長い道のりを親子三人がどのようにして旅して来たのか、その点については何も記されていない。しかし、おそらくそれは、「観音に祈るべし」という法輪寺での夢の示現について、語り合い、それに一縷《いちる》の望みをつなぎながらの旅であったに違いない。そして、帰り道の三人の「夢語り」は、音を得た娘の声も加わって、心はずむものとなっただろう。

霊薬を得る

同じく「粉河寺縁起」には、霊薬をめぐる話がある(8)。

大和国佐保《さほ》の住人で奉成という者は、笠置《かさぎ》の解脱《げだつ》上人の勧めにしたがって、千日のあいだ毎日千回、観音の名号を唱えていた。十一歳の時に紀伊国池田荘に移り住んだ奉成は三年が過ぎて千日千反の称念が終わっても、なお怠ることなく信仰を持ち続けた。安貞二年（一二二八）五月中旬、重い病にかかって半死半生の状態に陥り、腹中充満して苦痛に耐え難くなった。奉成はひたすら観音の名号を咽《のど》の底で唱え続けた。

六月六日の丑の時に、夢想があった。病床の枕元に童が現れて「この薬を服用しなさい」と言うので、両手をさし出し、ありがたく押し頂いた。

目覚めてみると、紙に包まれて十粒ばかりの薬があった。大きさは小豆《あずき》ぐらい、色は麻の実のような黒色をしていた。水に磨りまぜて服すると、重病はたちどころに癒え、身体は元のように回復した。これを見て、まわりの男も女も声をあげて感泣したが、奉成は、一粒だけでも残しておけば他の人を救うこともできたのにと、とても悔やんだ。すると明くる朝、奉成の思いが通じたのか、思いがけないことに、また一粒の薬を手に入れることができた。奉成は、その一粒を自分の髻《もとどり》の中に納めて、片時も身から離さず大切に守り続けた。

それから五年余りたった天福二年（一二三四）二月十二日、播磨の書写山《しょしゃさん》の僧貞舜が粉河寺に参って、この霊薬の話を伝え聞き、急いで奉成の所に出かけていった。霊薬を見せてもらうと、茎の長さが三寸ぐらいの青い蓮華の花が薬の中から生え出していた。そして数日後、花が開いた。霊薬の評判を聞いて遠くからやって来た者も近くに住む者も、身分の高い者も低い者も、皆この花を手で支え、感嘆し喜びあった。

別本には、この後日譚として、ある人が奈良の人家で、この蓮華を見たという話が伝えられている(9)。あの日、すべての人びとに喜び迎えられた霊薬の花は、のちに実を結び、多くの人びとに分け与えられ、各所で大切に栽培されていったのである。

今日でも、新薬の開発によって、治らなかった病気が治り、命が救われる。新しい治療に道を拓く発見がなされれば、新聞やテレビのニュースがそれを伝える。五年余りもの長いあいだ、奉成の髻の中で大事に大事に育てられた一粒の霊薬は、その不思議な夢の話とともに、多くの人びとに語り継がれ広がっていった。人びとは、強い期待をいだきながら、これを見守り続けたのである。ここにも、「夢語り共同体」は確かに息づいている。

後小松院の夢想

応永二十八年（一四二一）は、昨年来の炎旱《えんかん》による飢饉のため、年明け早々、諸国から上ってきた貧民の群が洛中にあふれ、「乞食充満、餓死者その数を知らず」というありさまであった(10)。加えて、疫病が流行し、何万人という規模で死者が続出した。餓死するのは主に貧民や乞食であったが、疫病は彼らのあいだだけでなく貴族や武士たちにも感染し、多くの死者を出した。「洛中病死興隆、言語道断の事」という状況下、京都の人びとのあいだで、一つの夢の話が語り合われていた。

近頃、後小松院に御夢想があった。相国寺《しようこくじ》の門前に牛が千頭余りも群れ集って来て、門内に入ろうとする。相国寺の門主は、必死にこれを防いで追い返そうとした。その時、先頭を進んでいた牛が声を出して、

「まことにここは座禅の場所なのだから、入るべきではない」

と言った。すると、牛たちはクルリと向きを変え、相国寺を後にして、そのまま京中へとなだれ込んで行った。夢の中で、誰かが、

「これこそ、疫神にて候」

と言い、その声を聞きながら、後小松院は夢から覚めた。

将軍足利義持が仙洞《せんとう》御所に参った時、後小松院は自分の見たこの夢を、将軍に語った。それを聞いた将軍は、すぐに退出すると、急いで相国寺に行き、すべての僧たちが各自の持ち場で勤行に励むようにと命じた。

疫病の流行は、京都やその近郊に住む人びとすべてに重大な影響を及ぼす。貴族も武士も誰もがその脅威からのがれることはできない。そういう中で、ことばをしゃべる牛に率いられた千頭もの牛の群が、相国寺に背を向けて洛中になだれこんだという仙洞の夢想は、なんらかの解決策を示唆するものかもしれない。院からこの夢を聞かされた将軍義持は、相国寺における勤行に疫病の流行を沈静化するカギがあるのではないかと思って、急いで手を打った。ひょっとすると、これが効を奏するかもしれない。危機を脱することができるかもしれない。人びとのあいだに広まっていく「夢語り」には、そういう大きな期待がこめられていた。

自分は誰か？

『今昔物語集』や『宇治拾遺物語』『古本説話集』などに、(11)信濃国筑摩《つくま》の湯で観音菩薩が沐浴する、という話がある。

信濃国に、筑摩の湯と呼ばれる薬湯があった。いつもその湯には、多くの人がやって来て湯浴みをしていた。ある日、この筑摩の湯の近くに住む人が、夢を見た。

夢に一人の人が現れて
「明日、午の時に、この湯に観音がいらっしゃって湯浴みをなさるだろう」

と言う。この夢を見ている人が、

「いったい、どのような姿で観音はおいでになるのですか」

と問うと、

「年の頃は四十ばかりの男で、ひげは黒く、綾藺笠《あやいがさ》をかぶり、節黒の大きな胡簶《やなぐい》を背負い、握り皮を巻いた弓を持ち、紺色の水干《すいかん》を着て、鹿の夏毛の毛皮で作られた行縢《むかばき》をはいて、黒造りの太刀を帯び、葦毛の馬に乗ってやって来る人がいれば、それこそ観音だと知るべし」

と告げる。それを聞いたとたんに夢から覚めた。

　その人は驚き、不思議に思いながらも、夜が明けるとすぐ、夢の内容を里の人に告げめぐらした。それを聞いた人が、また次の人にというように、この夢の話は、またたくまに広く言い伝えられ聞き継がれて、大勢の人がその湯に集まって来た。湯を替え、まわりを掃除し、注連縄《しめなわ》を張って香花を備え、居並ぶ人びとがかたずをのんで待ちうけるところに、夢の告げとそっくりそのまま同じ姿をした男が現れる。

　すべての人が、自分に向かって、ひたすら拝んでぬかずくのを見て、この男はとても驚き、「いったいこれは、どうしたことか」と問いかける。しかし、人びとは、ただ礼拝するばかりで、誰もそのわけを言わない。その中に、手を摺り合わせ、額にあてて拝む一人の僧がいたので、男はそばに寄って行って、「どういうわけで、わたしを見て、このようにすべての人びとが拝んだりなさるのですか」と尋ねた。僧は、「夢の告げ」についてくわしく語った。男は、とんでもないことだと思って、「自分は、つい先日、狩をしていて、馬から落ちて、右腕を折ってしまった。だから治療のために、この湯にやって来ただけなのに、このように礼拝されるなんて、本当にわけがわからない」と、あちこち歩きまわって主張し続けた。しかし、人びとは男の後ろにつき従って、礼拝するばかりで、男の言うことなどに少しも耳をかさない。

とうとう、男は自分自身がいったい何者なのか、わからなくなってしまう。人びとの礼拝する姿を見、その声を聞き、その中心にいて、礼拝の対象となっている自分を見ているうちに、じつは自分は観音だったのだ、と思うようになる。そして、弓も刀も捨てて、法師になったという。

この話は、西郷信綱氏の『古代人と夢』でも、「かつて夢がどのように信じられ、どんな風に機能したかを知るため、具体例をまず一つ提示しておこう」[12]として、取り上げられていて、

夢がすばやく己を実現し、「横ナハレタル」坂東声の男が、それこそ夢のように観音に自化していくさま

に注目し、夢を信ずべきものとした文化とそこでの夢の力の大きさを指摘された。

最初、この男は、自分自身が何者なのかをハッキリと認識していた。落馬して痛めた腕の治療のた

め、この湯にやって来ただけなのだ。ところが、他人が見た夢では、自分は観音ということになっていて、しかも、その夢の話を聞き伝えて、大勢の人びとが集まり、それがてんでに、男に付き従って礼拝する。そのまっただ中に置かれ、人びとの群に取り囲まれていると、夢の世界で示された姿の方がどんどん大きくふくらみ、その実在感を増して迫ってくる。「夢の告げ」が起点となり、次にはその夢が語られ、次々に語り継がれ、その結果、それを信じる大勢の人が押しかけてくる。夢を信じる膨大な数の人の群を前にして、男の自己認識は揺らぎはじめる。そしてついには、まわりの人びとの信じているそのイメージに圧倒されて、夢の世界で示された存在こそが本当の自分のあり方なのだと思うようになる。

考えてみれば、わたしたちが自分を認識する場合も、ひたすら自分を見つめつづけて自分が何者なのかを知るというより、まわりの他者の自分を見る見方や評価などに大きく左右されることが多い。まわりの目に映し出された自己のイメージを受けとめて、自分の姿やあり方を認識する。この男の場合も同様であった。

中世にあっては、「夢」と「夢語り」は、このように分かち難く結びつき、幾重にも重なり合い、連鎖していく。その中で、夢はその力を倍加させ、人びとのうえに強大な力をふるう。

五　夢と死者

夢で会える

夢には、生きている人も出てくるが、もう死んでしまった人が現れることも多い。

　亡き母が夢に出てきた。輿に乗って出ていらっしゃるところだった。

奈良の興福寺の僧侶、経覚《きょうがく》の日記(1)にそう書かれている。文安四年（一四四七）のことで、この時、経覚は五十三歳である。幼い頃、輿に乗って出かける母を見送った思い出がよみがえってきたのだろうか。日記のこの箇所を読むと、わたしたちはそのように思う。

万里小路《までのこうじ》時房《ときふさ》という貴族は、前年に死んでしまった母を夢に見た。

　母は、喜びに満ちあふれた様子で、たたずんでいた。幸甚々々(2)。

夢の中の母が「佇立歓喜」の様子だったので、息子は安堵して、日記にこう記している。夢に母が平穏な姿を見せてくれることは、息子にとって何よりの贈り物であった。それは、いくつになっても変わりはない。

　今夜、夢の中に亡き父を見た。衣冠直衣《いかんのうし》の姿で、内裏にいるように思えた(3)。

と甘露寺親長《かんろじちかなが》が日記に書いたのは、十五世紀も残り少なくなった長享三年（一四八九）のことである。また、死んでしまった父が夢に出てきて、琵琶の奥義《おうぎ》を授けてくれたという興味深い例もある。これは、伏見宮貞成《さだふさ》の日記『看聞日記』応永三十二年（一四二五）三月十九日の記事で、

今暁の夢想に、父の大通院（栄仁《よしひと》親王）が現れて、わたしに「四絃灌頂《かんじょう》」を授けてくれた。その深く神秘的な様子は、とてもことばでは表現できないが、琵琶を弾くその調べは、以前から思い描いていたとおりであった。父は、印を結んでいた。この夢を見た十九日は、奇しくも、美しい音楽を奏でる妙音天（弁才天）にゆかりのある日で、その加護があるかと思うと、本当に喜び極まりなしという気持ちである。

と貞成は有頂天になっている。父は琵琶の名手であった。しかし、とうとう、息子である自分には琵琶演奏の極意を授けてくれないまま、死んでしまった。それが、夢の中とはいえ、父に会えて、しかも念願の「四絃灌頂」が実現したのだから、貞成のうれしさや喜びは格別だったにちがいない。それは、確かにわたしたちにも理解できる。しかしそれにしても、「随喜無極」とはおおげさな。これではまるで、現実に琵琶の秘法を伝授され、いわば免許皆伝になったと思っているようではないか。たかが、夢の中でのことなのに。そう、わたしたちは思ってしまう。

しかし、今見てきたいずれの場合も、死んでしまったなつかしい人に夢で会えてうれしい、とわたしたちが言うのとは何か違っている。

わたしたちの記憶の中では、死者はいつまでも死んだ時のままでいる。いわば、そこで時が止まっているのである。こうした今のわたしたちの考え方からすれば、輿に乗って出かける母、歓喜にあふれて佇立する母、衣冠直衣姿の父、琵琶の奏法を伝授してくれる父、これらはすべて、生きていた頃の、思い出の中の父や母のイメージである。それに、夢を見る子の側の希望や願いがからまりあって、こうした夢を見たのだろう。そのように思うのが、今の多くの人びとの感覚である。

ところが、中世の人びとが夢と死者とのかかわりとして認識している事態は、これとは違って、生きている自分も死んでしまった者も、共に流れ続ける同じ時間の中にいるのである。「生死の断絶せざれば、善悪の業に随いて六道《ろくどう》の岐《ちまた》に廻《めぐ》るべし(4)」と言われるように、死者の時間は、その死の瞬間にも止まらない。生死の域を脱して、完全に仏となってしまえば、また話は別であるが、多くの死者は、死んだ後も違う世界で生き続ける。生きることと死ぬことがくりかえされて、断絶することがないのである。夢に出てきた母も父も、以前に生きていた時の父母ではなく、今という同じ時を違う世界で生きている父母であり、それが夢の通路を伝って自分のところにやって来たのだ。中世の人びとは、そう考えていた。

『看聞日記』は、夢に出てきた父の様子を「印ヲ結び給ふ」と表現している。仏の徳を顕わす印を結んでいたということは、夢に現れた父が、思い出の中の生前の父ではないことを明瞭に示している。むしろ、今の父は仏に近い存在である。父と子は、生きる場を異にしながらも同じ時間を生き続け、そして、その父がわざわざ夢の通路を通って自分のところにやって来て、琵琶の極意を伝授してくれた。このようにしてなされた「四絃灌頂」は、父の生前に他の者に対して行われた伝授よりも、はるかに価値のあるものではないか。「随喜無極」という表現には、そうした貞成の気持ちがこめられていたのである。

生まれん所を示す

『宇治拾遺物語』に、次のような母と息子の話がある。(5)

清徳聖《せいとく》は、母が死んでしまったので、柩に入れて、たった一人で京都の愛宕《あたご》の山に持って行き、大きな石を四隅に置いて、その上に柩を乗せ、少しの間も休むことなく千手陀羅尼《せんじゅだらに》を誦《ず》し続けた。眠ることも、物を食べることも、湯水を飲むこともせず、瞬時も声を絶やすことなく、柩のまわりをめぐりめぐって、三年が過ぎた。その年の春、夢ともなくうつつともなく、ほのかに母の声がした。

このように、昼夜、陀羅尼を誦し続けてくれたおかげで、わたしは、すでに早くに、男子となって天上界《てんじょうかい》に生まれ変われていたのだけれど、同じことなら仏になってから告げようと思って、今まで何も告げなかった。今は仏となることができたので、どうか安心してほしい。

という。聖は、母の亡骸《なきがら》を焼き、骨を取り集めて埋め、その上に卒塔婆《そとば》を立て、型どおりに埋葬をすませると京都へと帰っていった。

三年という長い年月を、息子の聖は愛宕山で千手陀羅尼を誦し続けて過ごし、母は天上界を経て仏へと転生していった。死んだ母が、我が身の成仏《じょうぶつ》を息子に知らせてきたのは、「夢ともなく、うつつともなく」というような夢と現実が交錯しあう接点に、「ほのかな声」で語りかけてきた。死者は、自分の所在を夢を通して伝えてくるのである。

比叡山の僧千観《せんかん》と師檀の契りを加わし、彼を深く貴び敬っていた藤原敦忠《あつただ》の娘は、日頃から、

「師が命を終えられた後には必ず、生まれなさった所を、わたしにお示しください。」

と言っていた。年月が過ぎ、臨終の時をむかえた千観は、手に自分が書いた願文を握り、口に弥陀の念仏を唱えながら死んでいった。その後、娘は夢で、蓮華の船に乗り弥陀の和讃を誦しながら西に向かっていく千観の姿を見る。夢から覚めて娘は、

昔、生まれむ所を示せと契りしを、これ告げたるなり。

そう思うと、その貴さに涙がとまらなかった。(6)

立山地獄と夢

越中国の立山《たてやま》には、昔から地獄があると言い伝えられていた。高くて険しい山の中に、遥かに広い野原があり、その谷には深い穴の中から、百も千もの湯が湧き出していて、大きな巌をも動かすほどである。熱気が充満し、近づいてみると、とても恐ろしい。その奥には、大きな火柱があり、大きな峰があって、さらに高さ十余丈もの大きな滝がある。(7)

死んだ母に会いたくて、兄弟三人がその立山地獄に出かけていく話がある。その時、子供たちは、

我が母、いかなる所に生を替へたりとも、あひ見ばや。

と強く決心して出かける。ここでも子供たちは、死んだ母がすでにどこかに生を替えていると認識しており、それでも、どこでどういう姿になっていようと自分たちは会うつもりだという。立山で、太郎を呼ぶ母の声が聞こえた。自分は生前罪を造ったので、今この地獄に堕ちて、昼夜休みなく苦を受けている、と母は訴える。それを聞きながら、

夢などで示されるのは、通常よくあることだけれど、現《あらわ》にこのように告げられるなんて、今まで聞いたこともない。だけど、これはまさしく母の声だ。まちがいない。

と子供たちは思う。ここに「夢なんどに示すは、常の事なり」とあるように、死者が自分の状況を残った者に知らせてくる方法として、夢の通路を介して示すのは普通のことで、夢がそういうものだということは中世の人びとには自明のことであった。そして、夢を通さないで、現に死者と交信できる特別な場所が、立山地獄である。そこは、現実の世界の中にポッカリと開いた、別世界への特別な通路であった。

窮地を救うすべはないか、と問いかける子供たちに、母の声は、「一日に法花経千部の写経を」と答えた。いくらなんでも一日に千部は、とうてい不可能だ。けれど、自分たちは家に帰って一部ずつでも写経して、少しでも母の苦しみを減らしたい。そう決心して、母と別れて泣く泣く家に帰った子

供たちは、父と共に一生懸命に写経に努めた。このいきさつをある人が国司に語り、国司は、隣国の能登・加賀・越前に至るまで縁ある人びとすべてに伝え、多くの人びととの協力を得て、とうとう千部の法花経写経が実現する。その後、太郎の夢に現れた母は、地獄を離れて忉利天《とうりてん》に生を受けることができたと告げてくる。写経に力を貸した多くの人びとも、この「夢語り」を聞いて、おおいに喜びあった(8)。

ここで注目しておきたいのは、山中他界ともいうべき立山のような特別な場に出かけていけば、直接に母と接することができるが、いったんその場を離れ、日常の場にもどると、夢の通路をとおしてしか死んだ母の告げを聞くことができない、という点である。通常の生活の中では、夢が死者との唯一の通路だった。

あやしの不思議なる小家

嘉吉《かきつ》元年（一四四一）六月二十四日、「前代未聞の珍事(9)」が起きた。室町幕府の六代将軍足利義教が暗殺された、いわゆる「嘉吉の乱」である。翌二十五日には、焼け跡から将軍の遺骸が見つけ出され、ただちに等持院《とうじいん》に運ばれた。しかし、その遺骸には首がなかった。自邸を焼いて西国へ落ちていった赤松方がもっていったらしい。

それから一か月後、万里小路時房はその日記『建内記』の七月二十六日条に、人びとの中で語られている「うわさ」として、次のようなことを書き付けている。

将軍御台《みだい》の三条尹子《いんし》は、密々、巫女を招いて、小屋で「口寄」をなさった。そこでは、巫女の口を通して、いろいろと、殺された将軍義教の「託言」があったという。

——今年は正月二日に不思議なことがあって、自分自身でも当年中の死を予感していた。しかし、それは九月のことだと思っていたのに、ここで思いがけず劔戟に倒れてしまった。日頃から目を懸けてやっていた者たちは、襲撃された時には全然役に立たず、あっという間に討たれてしまって、今わたしは修羅道《しゅらどう》に堕ちている。火焔の中にいて、四方上下から劔戟に責められ、その苦しさといったら、もうどうしようもない。どんな修行をしてでも、なんとかこの苦から免れたいと思っている。子供は男子が九人いるが、まだいずれも十歳に満たない幼な子である。御台へは、今一度申し置くべきことがあったのだが、その日を限りとは知らなかったので、何も言い残すことができなかった。今となっては致し方がない。なんとしても、百日中には敵を討ち取ってくれ。

などと、巫女に憑いた義教は種々のことを演説した。

この「口寄」が行われた場所というのが、日頃は、こんな所に人など住むのだろうかと思うような、「あやしの、ふしぎなる小家」であった。その特別な場所で、巫女に憑依《ひょうい》して、死んだ将軍義教の声が御台に届けられた。しかも、そのことが「或る説」として「うわさ」になり、人びとのあいだに流布し、それが真実、殺された将軍の肉声を伝えるものだとして受けとめられているのである。

頸だけが血の上に

それから少し後の八月七日、死んだ将軍の御台である三条尹子の御願として、浄花院《じょうけいん》で如法念仏《にょほうねんぶつ》が行われた。なぜ、この時に如法念仏が行われたかというと、殺された将軍から「夢想の告げ」があったからだという。この時もやはり、御台の見た夢の内容が、広く人びとのあいだに伝えられている。

普広院殿（足利義教）は海の上の船の中にいた。船中は血だらけで、頸だけが血の上に出ているという状態であった。夢の中で御台は、「これは、いったいどうなさったのですか」と尋ねた。すると、「これは、血ではなく火なのだ。この苦痛が間断なく続く。念仏を唱えて供養してくれないと、この苦痛を免れることができないのだ」と言って、涙をぽろぽろと流して泣いた。

来たる十三日は、ちょうど義教の四十九日にあたる。その日までに結願《けちがん》するようにと、御台は今日思い立たれて、この如法念仏が行われたのだという(10)。

先に見た巫女による「口寄」では、死んだ義教がいま何を思っているのかをことばで伝えてきた。「平生、御意を懸けられ御扶持《ごふち》を加へらるるの輩《ともがら》、当座御用に立たず」などと、突然の襲撃だったとはいえ、将軍である自分を守りきれなかった家来たちへの恨みの気持ちも表されている。それに加えて、今回の「夢想の告げ」では、義教は血の海の中に頸だけを出して、現状の苦悩を訴え続ける。その凄惨なイメージは、夢を見た御台だけでなく、その「夢語り」を聞いた者すべてに圧倒的な印象を刻みつけずにはおかなかった。「将軍かくのごとき犬死、古来その例を聞かざる事なり(11)」と評されるような無惨な死に方をした義教は、死後も決して安穏な時を過ごせないでいたのである。

ところで、越中国の書生の子供たちが、死んだ母の苦を救おうと法花経の写経に努め、それを聞いた国司が近隣の国々に触れて多くの賛助者を得、ついに法花経千部の写経を終え、母を救うことができたという話があった。ここでは大規模な写経活動が、近隣の国々をもまきこんだ大きな運動として実施されており、その口伝えの反響の大きさに驚かされたのだけれど、そのような物語の中だけでなく、実際のできごととしても、如法念仏という大きな仏事が実施される背景に、将軍御台の見た夢があって、しかもその夢の告げの内容が「夢語り」によって広く人びとのあいだに伝わり、公的な仏事の実施される理由や意義が共有されていく。そのメカニズムが、とてもおもしろいと思う。

二河白道を渡る

後花園天皇に長く仕えていた甘露寺親長は、後花園の死後十八年ほどもたった頃、夢で後花園院に会う。[12]

> 場所は、どこだかわからない。左側に、後花園院が俗体でいらっしゃった。満々と水をたたえ、まるで海のような河が流れていて、浪はとても荒かった。そこに、広さが二丈ばかりの新しい橋が架かっていた。他に河を渡る方法もないので、人に橋を押さえていてもらって、なんとか浪が静まっているあいだに橋を渡った。そして、すぐに引き返してくると、「いま、ちょうど浪が静かですので、どうかお渡りください」と申し上げ、院を背中におぶって無事に渡ることができた。

夜が明けてから、この夢について考えた親長は、これが「二河白道《にがびゃくどう》」だったと思い当たった。「二河白道」というのは、人が西方の浄土へと長い道のりを行く時に通る白い道のことで、それは、火の河と水の河にはさまれている。この二つの河は、河幅も広く、底がないほどに深い。火の河の火焔はすごい勢いで狭い白道に押し寄せてくるし、水の河の浪はとても高くて、いつも白道を浸している。また、群賊や悪獣も襲ってくる。そうした様々な困難を乗り越え、この白道を無事に渡り終えることができれば、人は西岸の浄土に達することができる(13)。

浄土への大きな関門であるこの「二河白道」を、親長が後花園を背負って渡らせたということになれば、彼は後花園の後世《ごせ》を決定する重大な役まわりを演じたことになる。それだけに、このことを自分一人の胸におさめておくことができず、親長はこの日の夜、対面した仏陀寺に、自分が昨夜見た夢について語っている。語り合いながら二人は、無事に後花園院が浄土へ到着できるようにと祈ったことだろう。

後花園院の容態が悪くなったのは、応仁の乱が続く文明二年（一四七〇）十二月二十六日であった。後花園法皇の調子が悪いとの知らせに、後土御門《ごつちみかど》天皇、将軍足利義政、御台日野富子もやって来た。翌朝の六時頃、後花園は死んだ。乱中のことで、泉涌寺《せんにゆうじ》の寺僧が一人も在京していなくて、仏事を執り行うのに適任の者がいないというようなあり様だった。

親長は、後花園の死に際して、その一部始終を日記に書き付け、予、殊に十一歳より当年四十七歳に至るまで近習、と、幼い頃からそば近くに仕えてきた後花園院の死を悲しんでいる(14)。それからかぞえて十八年、すでに六十五歳になった親長の夢に後花園が現れた。「二河白道」の荒波を前にして、まるで親長に助けを求めてでもいるような様子で。主従の深い結びつきを示す夢である。

北山大塔の炎上

このように、死者は、死後に自分が生まれ変わってどこにいるのかを、夢をとおして知らせてくる。けれども、彼らは、いつもそれだけを言って来るのではない。

応永三十三年（一四二六）正月九日、この日は雨が降り、「雷電暴風もってのほか」という大変な天候であったが、京都北山の大塔に雷が落ちて炎上した(15)。七重塔であった。応永七年にも(16)、やはり雷火のため相国寺の七重の大塔が炎上してしまったことがある。足利義満は、北山第《きたやまだい》を営むにあたって、この大塔を北山大塔として復活させた。ところが、義満の死後十八年たったこの年の正月九日に、雷がなんと三度もこの七重の大塔に落ちた。寺内の僧や下部《しもべ》たち、さらに番匠《ばんじょう》たちも、身命を捨てて消火にあたったが、とうとう焼け落ちてしまったのである。

後日、伝え聞くところによると、この大塔が炎上する前日の八日に、義満の妻の北山女院日野康子が夢を見たという。義満の死後も、北山女院は北山第に住んでいたのだが、その夢に義満が出てきて、

「近いうちに、肝をつぶすようなことがあるから、他所へ出かけてはいけない」

という。義満の供をしてきた烏帽子をかぶった男が、女院にお祓いをした。

「これは、いったい何事ですか」

と女院が尋ねると、義満は、

「何事もなく無事にすごせるようにという、そのためのお祓いだ」

と言い、そこで女院は夢から覚めた。

夢の告げを得た女院は、この大塔が焼亡した九日には他所に出かけなかった。大塔に雷が落ちて炎上した時、人びとは驚きあわてて駆けつけたが、女院は御所で平然としていた。北山女院からこの夢のいきさつを聞いて、人びとは「本当に不思議の御夢想なり」と、語り合ったという。

このように、死者は、生きている縁者に将来何か危険が及ぶということを察知すると、それを夢の告げで知らせてくることがあった。もちろんこれは、現世に生きている者よりもはるかに大きな力をもち、未来を見通せるような存在に生まれ変わることができた死者だからこそ、可能なことである。(17)

死者の借物

死者が夢で告げてくる中には、一風変わったものもあった。

武蔵国との境に程近いところに、互いに親しくつき合っている二人の男がいた。一人は家が貧しく、一人は豊かであったが、共に仲良く暮らしていた。ある時、二人とも死んでしまったのだが、その子供同士も親たちと同じように親しくつき合い、互いの家を訪ね合う関係を続けていた。

そんなある日、貧しい息子の夢に父が出てきて、

「自分は、あの方に、いくらいくらを借りて返していないので、あの世で責めたてられて、耐え難い思いをしている。だから、あの方の子息に借物を返してくれ」

と言う。夢から覚めた息子は、親の頃からの後見のところに出かけて、事の子細を尋ねた。すると後見は、確かに父が夢で告げてきたのは間違いないことだという。そこで、急いで借物を員数どおりにそろえると、豊かな家の子息のもとに出向いて事情を説明し、自分の父が借りていた分を受け取ってくれるようにと申し入れた。しかし、相手の息子は、「どうして我が身に返されるのですか。あの世に行ってしまったわたしの父とあなたの父とのあいだの問題なのに、この世でわたしがそれを返していただくわけにはいきません」と、借物を受け取らない。貧しい家の息子は、再度それを押し返して、「この世で返せなかったので、あの世で父が責められています。親の嘆きを休め、夢の告げに応えたいので、曲げて受け取ってもらえまいか」と懇願した。しかし、豊かな家の息子も、「親のことをいたわしく思うのは誰しも同じです。あの世で親が受け取るのが筋だと思うので、我が身としてはこれを受け取れません」と、なおも突き返してくる。互いに何度も問答をくりかえしたが、埒があかないので、鎌倉に上って、幕府の奉行人《ぶぎょうにん》の前で対決することになった。

さすがに鎌倉幕府法にも、死者の借物の返弁についての規定はなかっただろう。まして、その返弁

をめぐって、返さないからもめているのではなく、「返す」「いや受け取れない」と互いに譲らず、とうとう幕府の法廷にまで持ち込まれてしまったのだから、「いやはや、このように珍しい話はこれまで聞いたこともない」「しかし、それにしても立派で貴いことではないか」などと、鎌倉では、奉行をはじめ上下の人びとが感激した。結局、奉行は、この借物をもって両人の亡父の菩提を訪うように、との裁決を下している。(18)

このように中世では、生きている者と死者とは、死によって隔てられた後も、共に同じ時間を生き続け、夢の通路を介して交信し、互いの所在を確かめ合い、困難に直面すれば助けを求めて連絡してくるし、生きている者に危険が迫っていれば知らせてくる。互いにそのようにして生きていくものだと信じられていた。死とともに死者の時間が止まり、生きている者との隔たりがどんどん大きくなっていくという今日の死生観よりも、中世の方がはるかに濃密な共通の時間が生者と死者とのあいだに流れている。そこで「通路としての夢」が果たしていた役割は、とても大きなものであった。

六　夢の記録

死期を夢に見る

死者をこのような存在だと考える中世の人びとであれば、当然のことながら、死というものに臨む姿勢も、今日のわたしたちとは違っている。

今、わたしたちが死期を知らされるのは、重病にかかって、あと余命数か月というような場合である。それ以外には、ほとんどの人は死期を知らないで生きている。通常、死は予期せぬ時に突如やって来る。知らないうちに死を迎えるからいいのであって、初めからこの年のこの日に死ぬとわかっていたのでは努力のし甲斐がないではないか、という考え方もある。いや、わかっていれば、前もって自分でシナリオを書いて、それを実行できるからいい、という人もいるかもしれない。しかし、いずれにしても、わたしたちは特に、自分の死期をどうしても知りたいと思っているわけではない。

中世には、夢で自分の死期を告げられるという話が多い。

粟田《あわた》左大臣在衡《ありひら》という人は、若い時から鞍馬《くらま》の毘沙門天《びしゃもんてん》を信じて、よくお参りに出かけていた。ある時、その頃はまだ文章生《もんじょうしょう》であったが、鞍馬に参詣して、正面の東の間で拝礼をしていると、

十三、四歳の童が傍《かたわ》らに来て、同じように拝礼する。そして、拝礼が三千三百三十三度に及んだ時、その童はフッと消え失せた。在衡は奇異なことだと思いながらも、疲れて少しまどろんでしまった。すると、さっきまで傍らにいた童が、天童のような装束《しようぞく》で御帳《みちよう》の中から出てきて、

「官は右大臣、歳は七十二」

と告げた。その後、望みのままに昇進して左大臣で歳七十三という時に、在衡は鞍馬寺に参って、

「往日、右大臣で七十二との示現を蒙ったが、今もう既にかくのごとし」

と言った。すると、夢で毘沙門天が、

「右大臣までと思っていたが、奉公すること人に優れていたので左大臣に至った。命は七十七なり」

と告げた。果たして、七十七の歳に在衡は死んだ(1)。

鎌倉時代の説話集『十訓抄《じつきんしよう》』に載せられているこの話は、人間が自分の死期を知るという重大な問題について、あまりにアッケラカンと描き過ぎているような気がしてならない。死ぬこと、その死期を夢によって知るということ、それは中世の人にとって、もっと重い問題を突きつけたはずだと思うからである。

「八幡愚童訓《はちまんぐどうくん》」には、自分の死期を「夢の告げ」で知らせてほしいと願う話がある(2)。

ある女房が、嵯峨《さが》から石清水《いわしみず》八幡宮にやって来て、神の前で、

「願わくは、死期を告げしめたまえ」

と一心に祈っていた。すると御殿の中からやんごとなき僧が出て来て、

「汝が申す事」

とだけ言うと、何か書いてある「うすぎぬ」をくれた。目覚めてからそれを見てみると、光りかがやく朱色の文字で、何年の何月何日とあざやかに書いてあった。

夢で告げられたその死期が近づいてくると、女房は、娑婆《しゃば》の縁尽きぬる事を心にかけ、ひとへに往生極楽《おうじょうごくらく》の用心を忘れず、称念名号《しょうねんみょうごう》絶えざりし、と、ひたすらに勤修《ごんしゅ》し信心を貫いて、神に告げられたまさにその年月日時に、心静かに臨終をむかえた。

前もって死期を知ることによって、この女房は、これまで生きてくるうちに様々な関係を取り結んだ人びとと、心残りのないように、気持ちを込めてつき合うことができた。そして、仏の名号を唱えて信心を深め、死の時をむかえる準備をした。それが、死期を知ったこの女房の心の持ち方であり生き方であった。

まさしく命日になったその年月日時が書かれた「うすぎぬ」は、今も子供が大事に相伝しているという。それは、死んだ母の遺品というだけでなく、「夢の告げ」を得た母が、娑婆の縁が限りあるものだということを常に意識しつつ、人びととのつながりを大切にして生き抜いたことの証でもある。

命終わるべき所

夢によって、命が尽きるその場所を知るという話もある。(3)

肥前国の背振山《せぶりやま》で日夜仏道修行に励んでいた僧が、六十という歳をむかえ、後世の事ばかりが気に懸かるようになった。そこで本尊の地蔵の前で、

「わが命、終わるべき所を示したまえ」

と心をこめて祈った。すると夢に、姿の端厳な一人の小さな僧が現れ、

「汝、臨終の所を尋ねて行くつもりなら、すぐに王城の方に向かい、愛宕護山の白雲《しらくも》の峰に行くべし。ただし、月の二十四日は汝の命が終わる日なり」

と告げた。夢から覚めて、僧は感激して涙を流した。師の涙の意味を測りかねた弟子たちは、そのわけを問うた。しかし、師はそれには何も答えず、ただ一紙にこの「夢の告げ」を記すと、それを密かに経箱に納め、その夜の夜半に山を離れて、ひとり京都の方へと上って行った。数日を経てその月の二十四日という日に、愛宕護山の白雲の峰にたどり着き、一本の樹の下で一夜を明かした。

明くる日、その山の僧たちが集まってきて、

「汝、いずれの所より来たれる人ぞ」

と問いかけた。

「われ、鎮西《ちんぜい》より来たれる人なり」

そう答えただけで、ほかには何も語らなかった。僧たちはこれを哀憐《あいれん》して、朝夕の飲食《おんじき》を調えた。こうして日数を経るうち、翌月の二十四日がやってきた。朝早く、その山の人がその場所に行ってみると、鎮西の僧は西に向かって端座合掌して入滅していた。驚いたその人は山の僧たちに告げ、多くの僧がこれを聞いて集まってきた。その入滅の様子は、限りなく貴いものだった。鎮西の僧が持っていた経袋の中に、一紙の文書があった。取り囲んだ僧がこれを開いて読んでみると、背振山で地蔵が夢に告げてくれた内容が詳しく書かれていた。臨終の場所といい、時といい、この「夢記」に記されていた「夢の告げ」と少しも違うところがなかった。

この話で注目されるのは、ありがたい「夢の告げ」を得た僧が、その内容を一紙に書き記している点である。これが「夢記」である。僧は、その「夢記」を経袋に入れて都までの長い旅を続け、そして臨終の時まで片時も離さず身につけていた。このように、「夢記」というのは、単に夢で見たことを書き付けた記録というだけではなく、その「夢の告げ」をひたすらに信じて、死に向かい合う時にしっかりと握りしめているような、そういうものだったのではないだろうか。

熊谷直実の「夢記」

この話に出てくる鎮西の僧と同じことを、実際に実行したのが熊谷直実《くまがいなおざね》である(4)。

戦場の勇士として数多くの敵の首を討ち取り、その勲功を賞された熊谷直実であったが、法然《ほうねん》に出会って、「念仏さえ申せば往生することができると聞かされ、自分のように多くの殺生を重ねてきた者は手足を切り命を捨ててこそ後世は助かると思っていたので、感極まってさめざめと泣いた」(5)という。これ以後、直実は一心に修行に励み、上品上生《じょうぼんじょうしょう》に往生するようにと立願するようになる。

直実が上品上生に往生しなければ、と思ったのには、わけがあった。下品下生《げぼんげしょう》の往生でも往生に変わりはない。自分自身の後世だけを考えるならば、それで十分である。けれども、来世《らいせ》に再びこの土に生まれ、衆生《しゅじょう》を極楽に導く存在になるためには、上品上生に往生せねばならなかった。直実は、それゆえに上品上生往生を願ったのである。

直実は自分が見た夢について、次のような「夢記」を書き残している。

金色の蓮の花の、茎が長いのが、ただ一本立っていた。そのまわりに十人ばかりの人がいたが、「ほかの誰もあの上に登ることなどできない。わたしだけが、きっと登ってみせる」と強く言い放った。そして、それから、いったいどのようにして上ったものか、まったく覚えがないけれど、いつのまにか、わたしはその蓮の花の上に登って端座していた。

自分が、疑いなく上品上生に生まれるという夢を、直実はたびたび見た。傍らの人も、そういう夢を見たといっては知らせてくる。鎌倉に住むある人は、熊谷入道が上品往生する様子をくわしく夢に見たといって、法然にも直実本人にも知らせてきた。筑紫《ちくし》の人も、京都の人も、国中の方々から、そういう夢を見たといっては知らせてくる。法然は、たび重なる諸方からの注進で、直実に驕慢《きょうまん》の心が生じることを心配して、そのように夢を注進してくるのはよくないことだと言った。

ところが、そんな折りに、なんと今度は、法然が夢を見た。九月五日のことだった。

直実が上品上生を遂げるというので、極楽の東門が開かれ、観音《かんのん》・勢至《せいし》を先頭に、無数の仏菩薩が直実の家を目ざした。天には光明が光りかがやき、家の上には紫雲がかかり、花が降り、異香がして、直実は上品に大往生を遂げた。

そういう夢であった。法然は、夢に見たこの様を、くわしく絵に描いて直実に贈り、この絵を本尊としてさらに念仏を唱えるようにと勧めた。直実は、いよいよ他事を忘れて念仏に没頭した。そして、五年後の九月五日、息と共に念仏の声も途絶えるように事切れた。

直実にとっては、死ぬことが生きる目的であった。自分に届けられた夢、近くの人はもちろん驚くほど遠くの人びとからも注進されてくる夢、そしてついには、師の法然までもが見た夢、それらは、直実の往生を確かに約束するものであり、それをハッキリと見すえながら生きる道を指し示すものであった。いわば、ゴールテープを切る自分の姿をイメージしながら長いマラソンコースを走り抜くランナーのように、直実は、届けられた「夢の告げ」を信じて、その後半生を念仏一筋に生きたのである。

直実の子孫は、法然が描いたとされる絵、そして直実が本尊として深く帰依した絵「迎接曼陀羅《げいせつまんだら》」を、以後ずっと長く大切に伝えている。

饒舌な神や仏

ところで、

天に口無し、人をもつて言はせよ、

天に口無し、人の囀《さえずり》をもつて事とす、

などと、天には口がないけれども、人の口を通して自らの意志を伝えてくるのだ、とする認識は、『源平盛衰記《げんぺいじょうすいき》』『平家物語』『太平記』『義経記』『聖徳太子伝暦《しょうとくたいしでんりゃく》』など、中世の多くの史料にくりかえし何度も出てくる。(6)「八幡愚童訓」には、

神は自らもの言はずして、人代はりて是をいふ、(7)

と記されている。

しかし、夢の中に出てくる神や仏は、じつに饒舌である。これまで見てきた中でも、たとえば『春《しゅん》記《き》』の疫神は、

吾は、これ唐朝の神なり。住む所なく此の国に流れ来るも、已《すで》に拠る所なし、

と自己紹介から始めているし、「八幡愚童訓」では、八幡神が「竹内」を呼び、さらに「貴布禰」を呼んで相談し、よこしまな呪詛をしている女房の願いについて、どのような方法を採るのがすべての者にとって最良の道なのかを論じ合っている。また。賀茂大明神も、仁和寺あたりの女の夢に現れて、天下の政があまりに道にはずれているから、自分は日本国を捨てるつもりだ。

などと告げている。さらには、稲荷に始まり、長谷寺、金峰山から熊野へと百日籠もりを続ける僧に対して、熊野の神が、

われ、此の事において力及ばず。速やかに、住吉明神に申すべし。

と、率直に自らの無力を認めたうえで、他の神を紹介してくれたりしている。

応永三十二年（一四二五）、室町幕府の五代将軍足利義量《よしかず》が十九歳の若さで死んだ時も、人びとのあいだを多くの夢情報が飛び交った。それはいずれも、先行きの政情不安や社会の動揺を暗示するものばかりであった。そうした夢の話のひとつに、神祇官と思われる場所で神々が集会を開いて、

「これで将軍の代も尽きそうだ。われわれも、これを加護するのをやめて、捨ててしまおう」

と語り合う場面がある。しかし、そこで北野の神だけは、

「自分はまだ捨てるつもりはないぞ」

と言ったという。その夢の話を聞いて、将軍を亡くしたばかりの父足利義持は、早速、北野社に参籠して、将軍家に対する末永い護持を祈っている。(8)

神仏は、夢の中では、様々な姿に変身して登場する。

白髪の老翁

気高き気色《けしき》の人

やんごとなき僧

薄墨の衣を着た僧
姿形が端厳な小さな僧
天童のごとき童
天女のごとき女

などなど。そして、夢に現れる神仏は、口がないどころか、そろいもそろって本当におしゃべりである。中世の人びとが、夢の世界と現実の世界の大きな違いを感じるのは、案外こうした神や仏の態度の違いであったかもしれない。

夢を絵に示す

夢の内容は、人の口を通じて、ことばとして伝えられるだけでなく、先に見た「迎接曼陀羅」のように、絵像として描かれる場合もある。『今昔物語集』にも、夢で見たイメージを絵にした話がある。(9)

むかし、奈良の元興寺に智光・頼光という二人の学問僧がいた。二人は同じ房に住み修学していたが、頼光は老いるまで懈怠《けたい》にして学問もせず、ものも言わず、ただいつも寝てばかりいた。一方、智光の方は心聡くして学問に没頭し、優れた学生《がくしょう》になった。

そのうち、頼光が死んでしまった。智光はこれを嘆いて、頼光は多年の親しき友である。それなのに、何年もものを言わないで、学問もせず、常に寝てばかりいて、とうとう死んでしまった。いったいどういう所に生まれたのか知りたい。そう思って心に祈念したところ、夢を見た。

予期しなかったことに、頼光は荘厳微妙《しょうごんみみょう》の、まるで浄土のような所にいた。「いったいここは、どのような所なのか」と問う智光に答えて、頼光は「ここは極楽だ」と答えた。しかも、「汝があまりに祈念するので、自分の今いる所を示したまでだ。だから、さあ、早く帰れ」という。「自分だって浄土に生まれたいと願う気持ちでいっぱいだ。そうそう早く帰るわけにはいかない」と智光が言うと、頼光は「汝は浄土に生まれるべき善行を修していない。だから、ほんのしばらくも、ここに留まるべきではない」と言う。しかし、頼光の生き方を間近に見てきた智光は、納得できない。「汝は生きている時、少しも勤修《ごんしゅ》しなかった。なのになぜ、ここに生まれたのか」と問いかけた。頼光は、「自分は昔、諸々の経論を披見して、極楽に生まれたいと願った。ひたすらに、このことだけを深く願っていたので、何ものを言わなかったのだ。常に心を調え戒を失わずに過ごし、ただ弥陀の相好《そうごう》、浄土の荘厳のみを観じて、他に何も思うことなく静かに寝ていたのだ。汝は法文を学び、その義理を悟って明晰な智恵を発揮したが、心が散り乱れ、善根は微少である」と答えた。これを聞いて絶望し、泣き悲しむ智光。それを見て、自分は何も言ってやれないけれど、阿弥陀ならばきっと導いてくれるに違いないと思った頼光は、智光を阿弥陀仏の前に引っぱっていく。

智光は仏に向かって合掌し、「どのような善根を修すれば、ここに生まれることができるでしょうか」と問いかけた。すると、「仏の相好、浄土の荘厳を観ずべし」と言いつつ、仏はその右手をあげて、掌の中に小さな浄土を現出させて見せてくれた。

そこで夢から覚めた智光は、ただちに絵師を呼んで、仏が掌の中に見せてくれた小さな浄土の様相を写させた。一生のあいだ、智光は、この小さな浄土の絵を観じて過ごし、ついに往生を遂げたという。

以後、この房を極楽房と名づけ、小さな浄土を写した絵像をかかげ、今もその前で念仏を唱え講を行っている。夢の絵像は、後々までも多くの人びとを極楽へと導いたことだろう。

夢を高札に

「夢記」は、高札《たかふだ》に記されてかかげられることもあった。鎌倉時代後期に作られた『春日《かすが》権現験記《ごんげんげんき》絵《え》』には、春日社の一鳥居の前に立てられた高札を前にして、それを読んだり語り合ったりしている僧侶や稚児《ちご》、烏帽子《えぼし》をかぶった男、黄衣の神人《じにん》、被衣《かずき》姿の女などが描かれている(10)。

その高札には、ある人の見た不思議な夢が記されていた。その夢というのは、春日社に参詣したら、ちょうど四所の宝殿のうちの北の端の戸が開いていた。また、山ほども背丈があるかと思われる巨大な人が、本宮のあたりに立っていた。

「あの大きな人は誰ですか」

と傍らの人に尋ねると、

「春日大明神が本社に還られるというので、そのお迎えの人ですよ」

という。大明神は、宝殿から足を下に降ろして、今まさに出立《しゅったつ》、という様子であった。

これを見守る人びとは、

「大明神がこのまま流浪していらっしゃるようなことになったらどうしよう」

などと言いながら、誰もが涙を流している。

これは畏れ多くも神明の告げだと思うので、ここにその由を記す、と高札の「夢記」は結ばれている。春日の神が去っていってしまうという一大事を、七月二十二日の夜に夢で見た人が、これは大変だ、一刻も早く多くの人びとに知らせなければならない。そう考えて、この夢の内容を高札に記し、人通りの多い一鳥居前に、これをかかげたのである。

春日若宮神主中臣祐定の日記によると、貞永元年（一二三二）七月二十日に、

春日大明神が、興福寺の僧たちの懈怠を憤って、本国にお帰りになる。そういう夢を見る人がたくさん現れたので、興福寺では、その怒りを静めるために、十講を二日間にわたって勤行した。(11)

と記されている。また、同じ中臣祐定の日記の嘉禎二年（一二三六）七月二十八日条には、

一鳥居前に、落書《らくしょ》の「夢想状」がかかげられた。

と記されている。(12)

このように、高札に「夢記」が記されてかかげられ、広く人びとに知らされる、という『春日権現験記絵』の光景は、なにか特別な事態というわけではなく、当時の現実の一端を示すもので、夢は語

られるだけでなく、高札にその内容を書いて、かかげられることがあったのである。

夢記で縁起を作る

鎌倉幕府の三代将軍源実朝は、君恩父徳に報いるため新たに寺院建立を発願《ほつがん》した。大倉郷内の一勝地を卜《ぼく》し、建暦二年（一二一二）四月十八日、相模守《さがみのかみ》北条義時・武蔵守北条時房たちも参加して立柱上棟が行われた[13]。十月十一日には新造の堂舎を見るため、実朝が大倉郷にやって来た。その日は初めて山水奇石を配した庭園に取りかかるということで、善信（三善康信）は京都から召し寄せた山水絵図を実朝に献上し、それを見た実朝はたいそう満足の様子であった。実朝の前に出た善信は、自分が建久九年（一一九八）十二月頃に見た夢想について語りはじめた。

先君（源頼朝）のお供をして大倉山あたりに赴いた時、一人の老翁が現れて、
「この地は清和天皇の御宇、文屋康秀《ふんやのやすひで》が相模丞だった時に住んでいた所である。ここに精舎《しょうじゃ》を建てるならば、私がそれを鎮守したいと思っている」
と語った。

夢から覚めた善信は、すぐに、この由を将軍に注進した。将軍頼朝は病中であったが、これを聞くとすぐに信心の気持ちを起こし、もしもこの病が平癒したなら、その地に堂舎を造営しようと仰せられた。しかし、翌年正月、頼朝は亡くなってしまい、それを果たせなかった。しかし、当代になってここに堂舎を草創できるようになったのは、ひとえに霊夢の感応するところでありましょう。

これを聞いた実朝は大変感激して、この寺の「縁起」を作るにあたっては、まずこの「夢記」を事初めとするようにと命じた。(14)

寺社のそもそもの由来や言い伝えは、ほとんどが神仏による夢の告げを大きな契機としている。神仏との交流を語る「夢記」が、多くの「縁起」の原点である。また、宗教上の大きな画期も、ほとんどが「夢の告げ」と共にやって来る。親鸞も「京都六角堂に百日間の参籠をつづけ、その九十五日めの暁の夢告によって、起死回生の回心を体験した」(15)とされている。そして、親鸞は、その時の観音の示現を、一切群生《ぐんじょう》に聞かせようと思って「夢記」を書き残したという。さらに、それを弟子が書写したものが、今に伝わっている。

夢は、語られるだけでなく、文字にされて「夢記」となり、また絵に描かれて「曼陀羅」となり、さらに「伝記」や「縁起」や「物語」や「絵巻」となって、人びとの中に伝えられ広がっていった。神仏の饒舌さは、そこで十二分に再現され、神仏は夢に現れた姿そのままに、生き生きと語り、行動し、圧倒的な力を発揮している。

七　夢と塔

われ、昇るべし

明恵《みようえ》は、その一生のあいだに多くの「夢記《ゆめのき》」を書き残した。また、その伝記にも、彼が見た多くの夢が記されている(1)。その明恵の数多い夢の中に、河合隼雄氏が「上昇の夢」として注目された「塔に昇る夢」がある(2)。この夢は、明恵の没後に弟子の喜海《きかい》が著した「高山寺明恵上人行状(3)」に載せられている。

建久六年（一一九五）秋頃、紀州に下って白上《しらかみ》の峰で修行に励んでいた明恵は、文殊菩薩を眼前に見るという大変な奇瑞を体験する。

眼の上たちまちに耀《かがや》けり。目をあけて見るに、虚空に浮かんで現に七、八尺ばかりの上に、文殊師利菩薩、身の色金色にして、金の師子に乗じて現じ給へり。其の長三尺ばかり、光明かがやけり。

これを大きな励みにして、明恵はさらにいっそう文殊菩薩に祈請し、生涯をかけて命の終わるまで、ひたすら修行する決意を固める。そして、その頃に「塔に昇る夢」を見るのである。それは、次のような夢であった。

ある時、夢に見る。一つの塔あり。われ、昇るべしと思ふ。すなはち一重これを昇る。その上に、また重あり。随ひて、また昇る。此の如く、なむ重ともなく昇りて、今は日月の住む処をも、すぎぬらむと思ひ、最上の重に昇りて見れば、九輪《くりん》あり。また、これをのぼる。流宝流星の際にいたりて、手を懸けぬと思ひて、覚め畢んぬ。

この時、明恵が夢に見た塔は、三重塔や五重塔のような、どこにでもある並の塔ではなかった。日や月の住む処を通り過ぎ、それよりもなお天空高く伸びている塔だという。何千億重、何万億重、いやそれよりも、ずっとずっと多くの階を重ねた塔。古来、人は塔を建設することに情熱を注いできた。それは、垂直上昇の理念の純粋な具体化だといわれている(4)。明恵の夢の塔は、まさにその理念を、そのまま体現したようなものである。

その塔を目の前にして、それを見上げて、明恵は「よし、自分はこれに昇るぞ」と決意する。そして、まずその一重を昇る。すると、その上にまた重がある。そこで、またこれを昇る。こうして、何重ともなく、明恵は昇っていく。塔の高欄《こうらん》に乗って肘木《ひじき》につかまり、尾垂木《おだるき》から屋根へとよじ登って、傾斜した屋根を伝って歩いて次の層へ、というのをくりかえしたのか、それともヒョイヒョイと屋根に飛び乗って、あっという間に上に昇っていったのか、そうした具体的なことについて、明恵は詳しく語ってはくれない。

ともかく、こうして何重となく昇って、日や月さえもが下に見えるような所まで昇って、明恵はやっと最上の重にたどり着いた。最上の重に昇って上を見上げると、さらに九輪がある。これも、また昇る。そして、「流宝流星」の際までいって、それに手を懸けようとしたところで、夢から覚めた。

流宝流星

最初、この夢の話を読んだ時は、九輪によじ登った明恵が、そばを通り過ぎる流星に手を伸ばして、それをつかもうとし、そのとたんに夢から覚めたのかと思った。地上から見れば、遠い遠い空のかなたに見えるあの流星のそばまで行って、もう少しでそれに手が届きそうだったのに、そこで目が覚めてしまうなんて、本当に残念至極。わたしはそう思った。「流宝流星」を、宇宙の中を流れている星々だと考えていたからである。

この夢の話には、まだ続きがある。

其の後、のぼりをはらざることを恨みに思ふところに、廿余日を経て後の夢に、また此の塔にあへり。先日、のぼりをはらず。今昇りきはむべしと思ひて、重々是を昇る事、さきの如し。今度は、流宝流星の上に昇りて、其の流星の上に立ちて見れば、十方世界、悉く眼前にみえ、日月星宿も、はるかに足下にあり。是は色究竟天《しきくきょうてん》よりも高くのぼれる心地して、其の後、また地に降り立つと見る。

塔を昇り終えることができなかったのを、とても心残りに思っていたら、二十日ぐらいたって、夢で、またこの塔に会えた。もう会えないかも知れないと思っていた大切な人に再びめぐり会えた時のように、夢で再びこの塔を見て、胸躍らせる明恵の気持ち。それが、この「会えた」という表現によく現れている。

「先日は昇り終わらなかった。今こそ、絶対に昇り切ってみせるぞ」そう思って、明恵は、重々を先のように昇った。そして今度は、流宝流星の上に昇って、その流星の上に立って、四方を眺めた。

ここまで明恵の夢語りを追いかけてきて、わたしが最初に、「流宝流星」を宇宙の中を流れる星々と思っていたのは、まちがっているのではないかと思えてきた。初めの夢では、九輪の上まで昇った。そこから手を伸ばして、塔のそばの流星をつかもうとしたのだとすれば、一応そこで塔には昇り終えたことになるはずである。しかし、明恵は、「塔に昇り終わらなかったことを悔やんでいたら」と言っている。そして今回、「流宝流星」の上に昇って「流星」の上に立ってみて、はじめて塔を昇り極めたと満足している。だとすれば、「流宝流星」とは、塔のそばを流れていく星々ではなく、塔そのもの、しかも九輪よりも上の、塔の最上部にあるものということになる。

今ある塔の構造を見てもわかるが、塔の最上部には相輪《そうりん》と呼ばれる部分があって、そこには、九輪・水煙《すいえん》・龍車《りゅうしゃ》・宝珠《ほうじゅ》などがある。九輪よりも上ということになれば、残るは水煙・龍車・宝珠である。確かに、「龍車」と「流星」は、音の響きとしては、よく似ている。「流星」とは、この「龍車」の部分なのだろうか？

このように、あれこれと長いあいだ考えあぐねていた。ところが、この疑問は、大西修也氏の「東大寺七重塔露盤考(5)」を読んで氷解した。「龍車」や「水煙」という呼び名は江戸時代に入ってから初めて登場することばで、「宝珠・龍車」の部分は、平安期には「流星」と呼ばれていたのだという。それならば、明恵の生きた鎌倉時代初期にも、おそらくその呼び名が踏襲されていたはずで、「流宝流星」に手をかけたとたんに夢から覚めたと明恵が語れば、聞く者は皆、塔の一番上の部分を思い浮かべ、そこまで到達しながら昇り終えられなかった明恵の悔しさに共感し、二度目の夢では、「流星」の上に立って十方世界を眼前にすることができたと聞けば、その状況を思い描いて、おおいに感激したのである。

色究竟天よりも高く

「流星」の上に立って見た世界、それは十方世界がすべて三百六十度の広がりとして眼前に展開する、壮大なスケールの眺望であった。そこには、仏教的な宇宙の全貌がひらけていた。日も月も星も、すべてみな足の下にある。もちろん、地上はずっとずっと遥かかなたで、もはや目には見えない。ロケットに乗った宇宙飛行士が青い地球の姿に感激するのとは比較にならないほどの、太陽系宇宙を越えるぐらいの距離の隔たりが、ここにはある。これを、明恵は、

色究《しきく》竟天《きょうてん》よりも高くのぼれる心地して、

と言っている。「色究竟天」というのは、色界《しきかい》の中の究極の天という意味である。

「天」といえば、梵天《ぼんてん》とか帝釈天《たいしゃくてん》というように神々のことであるが、その神々の住む場所も天と呼ばれる。人が死んで新たに生まれる場所として六道《ろくどう》があり、もちろん天はその最上の場所を占めている。そして、その天の中身がさらに二十七の天に分かれている。天の最下位にある六つの天は、人間界や地獄などと同じ欲望にとらわれた生物の住む世界＝欲界に属するもので、下から順に、四天王やその配下の夜叉《やしゃ》などが住む「四大王衆天」、帝釈天を中心にして須弥山《しゅみせん》に三十三種の神が住む「三十三天」（「忉利天《とうりてん》」）、「夜摩天《やまてん》」、「覩史多天《としたてん》」（「兜率天《とそつてん》」）、「楽変化天《らくへんげてん》」、「他化自在天《たけじざいてん》」と上昇していく。この欲界の上に、欲望は超越したが色・形などの物質的条件にとらわれた生物の住む色界がある。色界には「梵衆天《ぼんしゅうてん》」から「色究竟天」に至るまで十七天があり、そしてさらにその上に、欲望も物質も超越して精神的条件のみを有する生物の住む無色界があり、「空無辺処《くうむへんしょ》」、「識無辺処《しきむへんしょ》」、「無所有処《むしょうしょ》」、「非想非非想処《ひそうひひそうしょ》」の四天がある。(6)

さて問題は、この「色究竟天」というのが、人間の生きている場所からどれほど上に位置するのかである。四大王衆天までが四万由旬《ゆじゅん》、忉利天まで八万由旬と倍々に膨れ上がっていくと考えられていたようで、定方晟氏『須弥山と極楽』では、その距離と「大梵天界」までの位置関係を図示されている。(7)

欲望も物質も超越した無色界といわれても、その世界を具体的に思い描くことはむずかしい。けれども、「色究竟天より高く」というのがどれほどの距離なのか、その隔たりを想像することはできそ

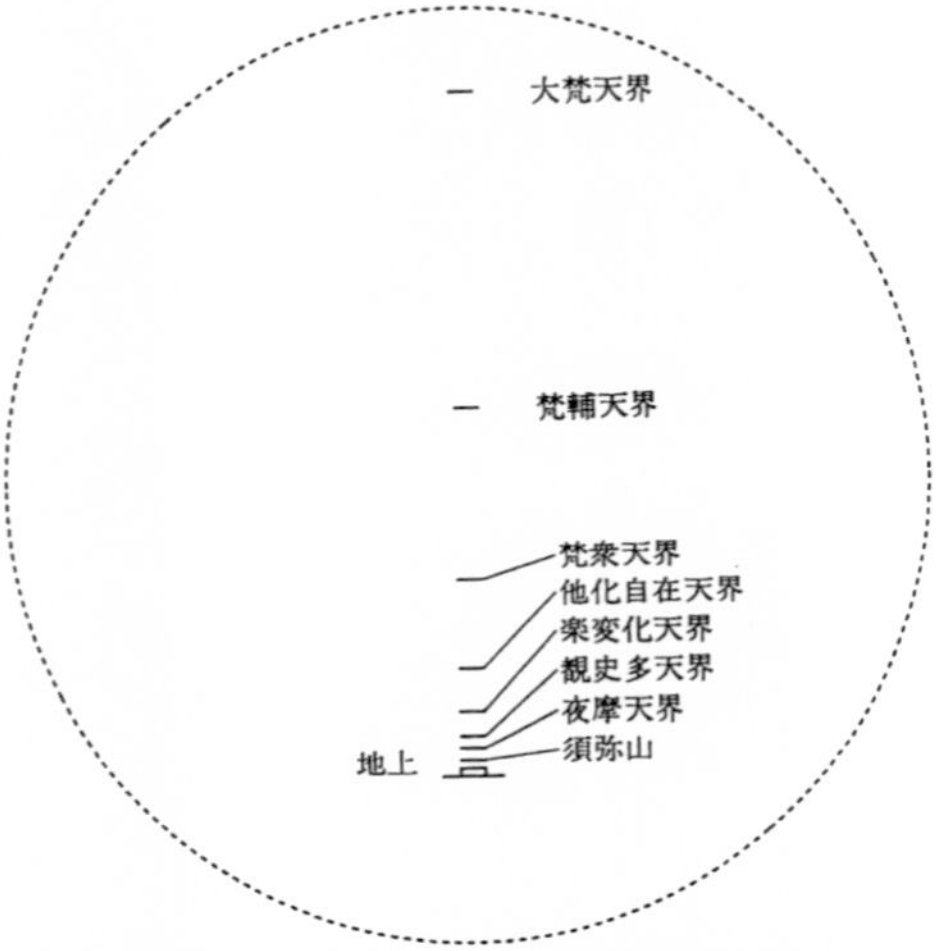

地上から大梵天界までの位置関係図（定方晟『須弥山と極楽』1973より，一部改変）

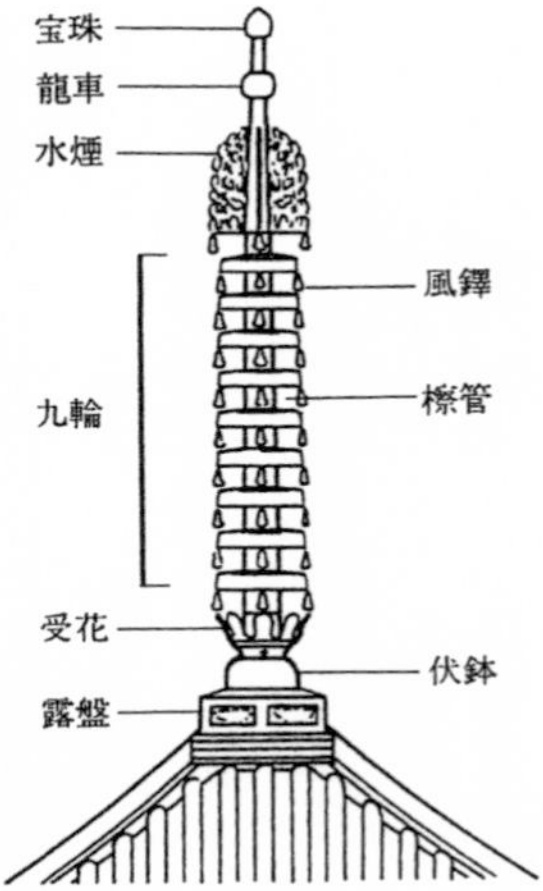

相輪

		地上からの距離（単位は由旬＝約7 km）
無色界	非想非非想処	
	無所有処	
	識無辺処	
	空無辺処	
色界	色究竟天	167,772,160,000
	善見天	83,886,080,000
	善現天	41,943,040,000
	無熱天	20,971,520,000
	無煩天	10,485,760,000
	広果天	5,242,880,000
	福生天	2,621,440,000
	無雲天	1,310,720,000
	遍浄天	655,360,000
	無量浄天	327,680,000
	少浄天	163,840,000
	極光浄天	81,920,000
	無量光天	40,960,000
	少光天	20,480,000
	大梵天	10,240,000
	梵輔天	5,120,000
	梵衆天	2,560,000
欲界	他化自在天	1,280,000
	楽変化天	640,000
	覩史多天（兜率天）	320,000
	夜摩天	160,000
	三十三天（忉利天）	80,000
	四大王衆天	40,000
	人・傍生（畜生）	
	餓鬼	−500
	地獄	−20,000

地獄から天までの距離表（定方晟『須弥山と極楽』1973より，一部改変）

うである。もちろん、この膨大な数字で表された隔たりを実感することは容易ではない。しかし、とにかく、明恵は、そこまで昇って行って、「流星」の上に立って、一望できたその壮大な光景を自分の目に焼き付け、その広がりを心に刻んで、塔を降り再び地上にもどって来た。

この「塔に昇る夢」「再び塔に昇る夢」は、中世から長い時代を経て、しかも文字をとおして読んでいるわたしたちでさえも、たいそう印象深く心に残る話である。ましてや、これを実際に明恵の口から「夢語り」として聞いた者や、それを伝え聞いた同時代の人たちには、明恵が天空高く塔を昇っていくこの夢の話は、「われ、昇るべし」という明恵の意志の堅さと合わせて、決して忘れることのできない強烈な印象を与えたに違いない。

釈迦如来の舎利

塔はこれ、仏舎利の器物なり。釈迦如来の舎利、自然に来たりなん。

と言ったのは聖徳太子である。『三宝絵詞《さんぼうえことば》』によれば、百済《くだら》国から弥勒《みろく》の石仏が海を渡って来たので、蘇我馬子が家の東に寺を造って、そこにこの弥勒の石像を据えて礼拝した。馬子はさらに、この寺に塔を建てた。その時、聖徳太子が言ったのが、

「塔は仏の骨を収める容器である。釈迦如来の骨は、自然にやって来てくれるだろう」

ということばである。(8) 塔が釈迦の遺骨を収めるものだといっても、釈迦の遺骨はどこにでもあるわけではないし、その量だって限られているはずなのに、遠く日本の塔にまでも、本当に釈迦の遺骨が収

められているのだろうか、誰もが疑問に思うはずである。

ところが、ここで聖徳太子が言っているように、仏舎利は、塔のあるところには自然にやって来るのである。海を越えた日本の塔にも、仏舎利はやって来る。この『三宝絵詞』の話でも、聖徳太子がこのように語るのを聞いて、馬子が祈ると、お供えの飯の上に仏舎利が一つ出現する。もちろん、こうしてやって来たとされる仏舎利は本当の釈迦の遺骨ではなく、その象徴的な存在で、実際は玉の類であったりするのだけれど、そんなことは問題ではない。

仏舎利を得たいと願った僧が、夢の告げどおりに傍らの「あるき御子」から仏舎利をもらう話があったが（第一章）、あの時も「あるき御子」は、身につけていた守り袋から小さな水晶の塔を取り出し、そこから仏舎利を出して、その一つを僧にくれた。ここでも、その小さな水晶の塔が、仏舎利の器物であった。

さて、その仏舎利を入れる器が、なぜ上に向かって何層もの屋根が重なり合った高層建築でなければならなかったのか。それは、単なる機能の面から要請されたのでないことは明らかである。インドで仏舎利が安置されたストゥーパは、泥土を積み上げた低い塚であったという。仏舎利の器物として機能するだけでよいのなら、塔は高く何重にも空へ伸びていく必要などない。それが、いつの頃からか、上空に高く突き出た重層構造の塔へと変化し、日本に伝えられ、以来、日本では三重塔や五重塔・七重塔・十三重塔などが造られる。明恵の夢に出てくる無限に重層した塔は、垂直にどこまでも上昇していって、ついには天に届く。三重や五重や十三重と限られた高さの塔であっても、その目指すところは、明恵が夢に見た無限に天空に向かって伸びている塔と同じだったのではないだろうか。三重塔でも五重塔でも、その下に立って見上げてみれば大変な高さである。その、高くそびえ立つ塔の下に立って見上げながら、人びとは、自分たちの住む世界と天上の世界をつなぐ「はしご」、その「架け橋」としての役割を塔に求めていたのではないだろうか。

雷とのたたかい

上空に高く突き出た塔には、当然のことながら雷が落ちる。塔に落雷があり炎上したという記事は数多い。足利義満の建てた相国寺《しょうこくじ》七重塔も北山大塔も落雷のために焼失しているし(9)、奈良春日山の十三重塔も落雷のため炎上している(10)。しかし、人びとは、くりかえし高い塔を建てることに挑んだ。高い塔と雷とのたたかいを素材にして、次のような話も生み出されている(11)。

越後国の国上山の北に、ある人が塔を建てた。それができ上がって、さて供養しようという時、にわかに雷電霹靂《へきれき》して、この塔を蹴とばし、破壊し、空へと昇っていった。願主は泣き悲しんで嘆いたが、これは自然に起こったことだろうと考えて、また改めて塔を造り、供養の日をむかえた。ところが、これも前と同様に、雷が下ってきて蹴破ってしまう。何度くりかえしても、必ず雷に塔を破壊される。なんとかしてほしいと一生懸命に祈り続けて嘆く願主に向かって、ある時、神融《じんゆう》聖人という聖人が現れて言うのには、

「汝、嘆くことなかれ。我が力をもって、今度は決して雷にこの塔を壊させはしないから」

これを聞いた願主は恭敬礼拝し、涙を流して喜んだ。新たに完成した塔の下で、聖人は一心に法花経を誦した。しばらくすると、空が陰り、細かな雨が降り始め、雷電霹靂という事態になった。これは前のように塔が破壊される前相に違いない、と願主は恐怖する。しかし、聖人はさらに声を強めて経を読み続ける。すると、年の頃十五、六歳ぐらいの童が、突然、聖人の前に落ちてきた。その頭の髪は蓬のようにクシャクシャに乱れ、とても恐ろしげな様子である。しかし、身体を五か所も縛られていて、身動きもままならない様子である。この童は起き臥すと、辛苦悩乱した様子で、声をあげて許しを乞うた。

「慈悲をもって、われを免《ゆる》し給え。以後、この塔を壊すようなことは決してしませんから」

聖人は、童に尋ねた。

「汝、どのような悪心をもって、何度もこの塔を破壊したのか」

童は答えて、

「この山の地主神《じしゅしん》が、自分の上に塔が立っては住む所がなくなるので、これを壊してほしい、という。だから、わたしが塔を壊してやると約束して、それを実行していたのだが、今このように縛られてしまったからには仕方がない。降参だ。すぐに地主神は他所に移住させ、わたしも永遠に逆心を捨てることにする」

という。以後、他のどんな場所で雷電震動することがあっても、この山の東西南北四十里の範囲では、雷鳴を聞くことがなかったという。

諸人の夢想

さて、明恵は、寛喜三年（一二三一）十月頃から病気が再発し、その病状は思わしくなかった。(12)臨終の時をむかえるための庵室には、弥勒仏が安置された。弟子たちは、師の入滅《にゅうめつ》に至る状況を、それぞれ詳細に記録している。年が明けて寛喜四年（貞永元、一二三二）正月、いよいよ病状は悪化した。明恵は袈裟《けさ》を懸け、結跏趺座《けっかふざ》して行法坐禅《ぎょうほうざぜん》に入った。看病の人に寄りかかり、辛うじて勤行《ごんぎょう》する時もあった。法門を説き、没後の行事について取り決めをし、あとに残る者たちに対する遺誡《ゆいかい》として置文《おきぶみ》を定めた。死に臨む準備が、すべてととのえられたのである。

この頃から、自分は明恵に関するこのような夢を見たという「諸人の夢想」が、明恵や弟子たちのもとへ、盛んに伝えられてくるようになる。弟子の定真が記録した「最後臨終行儀事」(13)には、そうした多くの夢が載せられている。その中に、貞俊阿闍梨の見た次のような夢が書き記されている。

正月三日夜、貞俊阿闍梨〈仁和寺伝法会《でんぽうえ》衆、大福寺執行《しぎょう》なり〉が夢に云《いわ》く。高広厳麗の宝塔あり。其の長《た》け雲の際に通ぜり。両三の人有りて、彼の塔に攀《よ》じ登る。数重を上がる人を見るに、栂尾の和尚なり。二人は、一、二重を登る。即ち、彼の塔の本には、彼の門弟の人々幷びに数輩の群集囲繞《いにょう》せり。其の中に円道房坐せり。見知り奉る人なり。夢の中に思はく、和尚の御入滅か。此の如く恠《あやし》く覚え畢《おわ》んぬ。

この貞俊阿闍梨というのは、仁和寺の伝法会衆で大福寺執行という地位にあった僧であるが、その貞俊が、正月三日に夢を見た。その夢には、とても高くて幅も広い荘厳華麗な塔が出てくる。その塔の高いことといったら大変なもので、雲を貫いて、もっと上まで伸びている。その塔には、二、三人の人が攀じ登っている。他の者が、まだ一、二重しか登っていないのに、一人だけ、もう数重層までも上がっている人がいる。これをよくよく見てみると、その人は栂尾の和尚明恵である。その塔の下では、和尚の門弟たちや数人の人びとが群集して、塔を取り囲んで見上げている。その中に、貞俊の知り合いの円道房がいた。

この円道房信慶というのは、明恵が「置文」に定めた高山寺内の秩序では、

寺主　空達房定真

学頭　義林房喜海

知事　義淵房霊典

説戒　円道房信慶

同　法智房性実

と位置づけられており、明恵が病に臥して以後は、恒例の説戒を明恵に代わってつとめるほど信任の厚い弟子であった。その円道房の顔を、塔を取り巻く人びとの中に見つけた貞俊は、

ああ、栂尾の和尚が、いよいよ入滅なされるか。

夢の中でそう思ったという。

この貞俊阿闍梨の夢は、以前に明恵が見た「塔に昇る夢」「再び塔に昇る夢」と、相呼応し、融合一体化した内容の夢である。おそらく貞俊は、塔を何重となくよじ昇っていく明恵の夢の話を、直接に明恵から聞いたか、弟子の誰かが語るのを耳にしたか、あるいはもっと別のルートで知ったか、とにかく以前に「塔に昇る夢」「再び塔に昇る夢」を聞いたことがあって、それを記憶の奥底に潜ませていたに違いない。そして、明恵の臨終間近と伝えられる時期になって、それが貞俊の中に鮮明なイメージとしてよみがえってきたのである。いまや明恵は、雲を貫いて天へと伸びていく塔を昇り極めて、別世界へと旅立っていく。今度は、以前に明恵が見た夢のように再び地上に降り立つことはない。長い期間にわたってはぐくまれてきた明恵を取り巻く「夢語り共同体」は、明恵の死を前にして、このようなかたちで、そのクライマックスをむかえた。ここには、一方通行ではない、双方向から歩み寄っていく「夢語り」によって、文字どおり「夢の共有」「夢の対話」が実現している。

八　将軍の夢

恐怖の「夢の告げ」

〈夢の「民主化」〉は、あらゆる人びとの夢を社会の中に噴出させた。しかし、もちろん中世社会においても、「王の見る夢」は、その影響力の大きさという点で群を抜いている。

貞治二年（一三六三）四月、比叡山延暦寺の衆徒らは訴えるところがあって、日吉社《ひえ》の神輿《しんよ》をかついで山から下り、京都の町に乱入して神輿を振るらしい。そういう「うわさ」が流れていた[1]。日吉社の「神輿入洛」は、春日社の「神木動座《しんぼくどうざ》」と並んで、権力に対する自己主張の有効な手段であった。これは、神輿や神木に神を乗せ、それをかついで京都をめざして動いてくるだけのことなのだが、当時は人びとにとても大きな脅威を与えた。神輿や神木が京都をめざして動き出したという知らせを受けると、時の支配者たちは、その訴えを聞き入れることにして神に引き返してもらうか、それとも入洛を阻止するために徹底抗戦するか、いつも頭を悩ませたものだった。

この時、幕府は、この訴訟は理不尽なものだから受け入れられないと、突っぱねる方針であった。だから、そのままいけば、後の応安元年（一三六八）におきた山門嗷訴《ごうそ》のように、幕府方の何千とい

う軍勢が中賀茂や糺河原《ただすのかわら》に陣を取り、神輿の入洛を阻止するという事態になるところであった。(2)

ところが、将軍足利義詮《よしあきら》と佐々木導誉《どうよ》（京極高氏《たかうじ》）そして近江守護の佐々木崇永《すうえい》（六角氏頼《うじより》）の三人に「夢想の告げ」があったため、彼らはそれを恐れ、一転して山門側の言い分を認めてしまう。この間の事情について、北朝に仕える貴族三条公忠《きんただ》の日記『後愚昧記《ごぐまいき》』には、

夢想の告げあり。恐怖の間、去十三日沙汰落居し、山門に寄進状を出だし了んぬ。

と書かれているだけで、いったいどのような内容の「夢の告げ」があったのか、また、この三人は同じ夢を見たのか、(3)などのくわしい事情は記されていない。ただ、「恐怖をおぼえたので」と書かれているところを見ると、これは相当にインパクトの強い夢だったようである。恐怖する対象が、中世と今とではまったく違っているので、この記事だけではいったいどのような夢の内容だったのか、彼らはなぜ恐怖をおぼえたのか、全然見当がつかない。あるいは、それは具体的に神罰にかかわるものだったのかもしれない。

三人が「夢想の告げ」を受け取った後、ただちに幕府は、山門の訴えを受け入れることにした。そして、次のような寄進状を出している。

寄進す　日吉十禅師社

近江国河田郷地頭職の事

右、高満殺害狼藉《ろうぜき》の篇に就き、神輿動座に及ぶの間、神威に優《なだ》め奉り、永く寄付する所の状、件

の如し、

貞治二年四月十三日　　　　　　　　　権大納言源朝臣　判

寄進す　山門根本中堂

近江国桐原郷内得楽名地頭職の事

右、崇永放火狼藉の篇に就き、神輿動座に及ぶの間、神威に優め奉り、永く寄付する所の状、件の如し、

貞治二年四月十三日　　　　　　　　　権大納言源朝臣　判

もともと、この二つの郷に対する支配をめぐっては、幕府・守護側と山門側が対立していた。互いに、自分の方こそ、正当な支配権をもっていると主張していた。ところが、この寄進状では、自分たち武家側の行為を「殺害狼藉」「放火狼藉」であるとして、全面的にその非を認めている。この寄進状に権大納言源朝臣と署名しているのは、将軍足利義詮である。将軍自らが、近江国の河田郷と桐原郷内得楽名の地頭職を山門に寄進し、この所領に対する武家側の支配権を放棄すると宣言している。これまで、山門側の言い分には「理がない」と突っぱねていた武家側としては、驚くべき豹変ぶりである。それもこれもみな、三人に届けられた「夢想の告げ」に原因があるというのだから、その威力の大きさを、改めて思い知らされるできごとである。

この近江国の二つの郷の郷民たちにとっては、これによって武家領から山門領に支配が変わることになった。その原因が、将軍と導誉と崇永の三人が見た「夢想の告げ」にあったとは、おそらく郷民たちも知らなかったのではないだろうか。

面々寄り合い

四代将軍足利義持は、応永三十年（一四二三）三月十八日に、将軍の職を息子の義量《よしかず》に譲った。(4) 父義満が自分に将軍職を譲った後も実権を握って政治を動かしたように、義持も同じやり方をめざしたのである。ところが義量は、それから二年もたたない応永三十二年二月二十七日に、十九歳の若さで死んでしまう。(5) 義持には義量の他に男子がなく、跡継ぎを決めないまま応永三十五年の正月をむかえた。その時、すでに義持は死の床にあった。

正月十七日、管領の畠山満家と、斯波《しば》義淳・細川持元・山名時熙《ときひろ》・畠山満慶など幕府の重臣たちが、醍醐寺三宝院門跡満済《さんぼういんもんぜきまんさい》のいる壇所にやって来た。重大な相談事があったからである。(6) その第一は「御遺跡相続御仁体事」、つまり義持の跡を相続する人物を決めることであった。とにかく跡継ぎを決めておいて、自分たちは安心したいというのが重臣たちの思いであった。第二に「御治療方事」、第三に「御祈方事」を相談したが、回復の見込みはまったくたたなかった。結局、最大の問題は、跡継ぎを誰にするかである。

義持自身の考えは、

「上としては決めるつもりがない。管領以下面々が寄り合って相談して決めるのがいいだろう」というものであった。たとえ、自分が跡継ぎを決めたとしても、重臣たちがそれに同意し支持しなければ、成り立つものではない。だから、管領以下の面々が相談して最適の人物を選んでくれればいい。義持は、そのように思っているという。

しかし、「面々寄り合い、相計らうべし」と言われても、この緊急の時にどのようにして決めればいいというのか。意見の一致をみるとは限らないし、そうなれば事態はますます混乱してくる。重臣たちは困惑し、

「これ以上の天下の重大事はないのだから、是非とも考えを改めて、義持自身が決めてくれるべきだ」

と考えていた。なんとかそう申し入れてはくれないかと、管領の畠山満家などは何度も足を運んで、しきりに満済に頼みこむ。そこで、とうとう満済は了承し、義持と会うことにした。

義持の前には近習たちが集まっていた。この事情を知らされていた細川持常が、義持に「この御門跡様が、ちとお話し申し上げたいことがございます」と言ったので、御前にいた者たちはその場を立ち去り、義持と満済の二人だけになった。

二人の対話

満済の日記は、この場での二人の対話を克明に記している。

満済「管領以下の面々が皆で申し入れている御相続の御仁体のことでございますが、以前に等持院等持寺の長老がお尋ねした時にも、ハッキリとはおっしゃってくださらなかったので、皆々の関心はただこの一事に集中しております。なんとか一刻も早く、決定していただけませんでしょうか」

義持「たとえ自分に実子があったとしても、跡継ぎを決めるつもりはなかった。ましてや、今の自分には実子がいない。だから、とにもかくにも、面々が相談して最も適当と思われる者を跡継ぎに決めればいい」

満済「おっしゃる通りに、面々に申し聞かせることに致します。けれども、この面々は何度でも、ぜひとも御自身で決定していただきたいと申し入れる所存でおりましょう。幸いなことに、ご兄弟がいらっしゃいます。その中で、御相続の御仁体としてふさわしい器量があると御判断なさった方を、おっしゃってはいただけないでしょうか。それもまた、どうしてもお気持ちに添わないということであれば、御兄弟四人の御名前を書き、石清水《いわしみず》八幡神の前で鬮《くじ》を取って決めるというのでは、いかがでしょうか」

どうどうめぐりする対話に決着をつけるように、満済は、

「八幡神前において御鬮を召され、定めらるべきか」

という提案をする。王城を守り、また将軍家の守護神でもある石清水八幡宮の神の前で、鬮を取って

決めるということは、神の決定に随うということである。人の手に余る問題は、神の手にゆだねる。中世の人びとにとって、これは最も納得できる解決策であった。おそらく、満済は義持の前に出ていく時から、この案を心中に抱いていたに違いない。はたして、義持の返事は、

「しからば、御鬮たるべし」

というものであった。これで、問題は一挙に解決するかに思われた。ところが、義持は言葉を続けて、思いがけない事実を語りはじめた。

夢を憑む

ただし、自分の命があるうちは、鬮を取ること叶うべからず、と義持は言うのである。そのわけは、三年前にさかのぼる。

その年、息子の義量が早世した。その死後、義持は石清水八幡神の前で鬮を取った。祖父足利義詮以来、将軍家に伝来している鬼神大夫作の剣(7)があった。もしもこれ以後、自分に子孫が生まれないというのならば、この剣を石清水八幡神に奉納する。しかし、もしも子孫があるというのなら、剣を神殿に籠めるわけにはいかない。自分の未来に子孫が生まれるかどうか、義持は神の返答を得ようと思って、剣を籠めるべきか否かの二つの鬮を神前で取った。すると、剣を籠めてはならぬという方の鬮を引いた。しかも、これに加えて、その夜、自分に男子が生まれる夢を見た。神は、重ねて返事をくれたのである。それは、将来に再び息子を得られるという返事であっ

た。義持は、今に至るまで、心の奥深くで、この夢を強く信じて生きてきた。だから、猶子についても決めなかったのだ。

このように、義持は満済に語った。これまで誰にも語らず、自分の胸の奥深くに秘めてきたそれを、死を前にして義持は、ついに語った。息子を失ってから今日まで、義持は「夢を憑《たの》んで」、毎日毎日を過ごしてきた。夢はここでも、生きる目的であり希望であった。

しかし、事ここに至って、信じていた夢は実現しそうにもない。そのうえ、なんと石清水八幡神の鬮をもって、跡継ぎを決定しようということになってしまった。けれども、自分はすでに八幡神の返答をもらっている。夢の告げも得ている。自分の存命中に、再び同じその神に問いかけるわけにはいかないではないか。それが、

この御鬮も、御没後に取るべき

と義持がこだわった理由であった。

鬮で将軍を決める

二人っきりの対話を終えて、満済は待ちかねていた管領以下の面々に、この子細をくわしく語って聞かせた。皆、畏《かしこ》まってその内容を聞き、跡継ぎを鬮で決めるという方針を了承した。面々は、自分たちが寄り合って相談して、将軍の跡継ぎを決めなければならないという重大事から解放された。この問題の決定は、神の意志にゆだねられることになった。こうなれば、後はただ、鬮を取るための段

取りを決めるだけである。

満済と管領たちは相談する。義持の没後に神前で鬮を取るといっても、大混乱になってしまってうまくいかないのではないか。できるだけ早く、決定しておくのが一番いい。しかし、自分の存命中に鬮を取ること叶うべからずという義持の強い意向を無視するわけにもいかない。あれこれと相談を重ねて、結局、今日十七日中に、他の誰にも内密に、八幡神から鬮をいただいておいて、没後にこれを開いてみるというのはどうだろうか。これなら、後の大混乱も避けられるし、義持の意志にも背かないのではないか。そういう結論に達して、評定《ひょうじょう》が終わった。

実際に誰が鬮を書くのか。面々は、これも満済に依頼した。再三にわたって満済は辞退するが、なおもしきりに頼まれるので、仕方なく、満済が書くことになった。書き終えると、しっかりと続飯《そくい》で厳重に封をし、さらにその上に山名時熙が封を書いた。誰にも中身がわからないよう、しっかりと二重に封印したのである。それを持って、管領の畠山満家が一人で八幡宮に参籠し、鬮を取ってくるという手はずを決めた。

管領は戌の終わりに石清水八幡宮に参籠し、神前で鬮を神からいただいて、亥の終わりに京都へ帰って来た。参籠してからおよそ二時間で帰ってくるという早わざで、おそらく馬を飛ばして帰洛したのであろう。亥の終わりといえば、だいたい今の時刻で夜の十一時頃にあたる。

それより前、酉の半ば頃というから、だいたい今の夕方の六時頃に、義持の容態悪化を告げる医師の知らせが届いた。すぐに満済は義持のところにかけつけた。しかし、すでに言葉も発せられず、人の顔を見分けることもできない様子であった。満済は壇所で祈ることに専念した。容態悪化の知らせは京中に広まり、室町第には「公家武家僧俗群参」して、大変な騒ぎとなった。その中で、義持の容態は、その夜はずっと同じような状態が続いた。

十八日の午前十時頃、義持は死んだ。四十三歳であった。床の上に安置された義持への焼香をすませると、管領以下の諸大名たちは一所に集まって、昨日神前で取ってきた鬮を開いた。管領がこれを開いた。「青蓮院殿《しょうれんいんでん》たるべし」という鬮であった。大名たちは誰も皆、結構なことだと賛同した。誰が決めたのでもない、八幡神の決定であるとなれば、誰にも異存はなかった。こうして、出家していた弟たちのうち、青蓮院義円《ぎえん》が跡継ぎと決まった。これが、六代将軍足利義教《よしのり》である。

広がらなかった「夢語り」

この間の事情については、貴族の万里小路時房《までのこうじときふさ》も、その日記『建内記《けんないき》』に詳しく書き記している(8)。

先年、大樹（将軍）が父公に先んじて死んでしまい、女子二人以外に継嗣がなく、武家の跡継ぎがたちまちのうちに欠如するという事態になったこと。管領畠山入道以下の諸大名が相談して、十七日の朝、三宝院僧正満済をもって、継嗣の仁体について義持の意向を伺ったところ、「その器でないものを定め置いても、面々が用いなければなんら意味がない」として、明確に自分の跡継ぎを決めなかったこと。ただ義持は、他人を猶子にするのには反対で、兄弟四人の中から選ぶようにと主張し、四人の名を書いて八幡宮の宝前で孔子《くじ》（鬮）を取り、決定は神慮に任せるべきだということになったこと。諸大名の依頼で満済が、青蓮院准后《じゅごう》義円・大覚寺大僧正義昭・相国寺《しょうこくじ》僧永隆・梶井《かじい》僧正義承の四人の名を書き、それを箱に入れて、管領が石清水八幡宮の神前の棚の上に上げて、二度取ったが二度とも青蓮院であったこと。今朝十八日に義持が事切れた後、諸大名が群集する前でこの孔子が披露され、明日管領が、この結果を青蓮院に申し入れることになったこと。こうしたすべてのことが記されている。

先の満済の日記に書かれていて、この時房の日記に書かれていない点は、ただ一つ、義持が満済と二人っきりで対話した時に語ったあのことである。鬼神大夫の剣を神殿に籠めるべきか否かの鬮についても、その夜に義持が見たという夢についても、時房の日記には、まったく何一つ書かれてはいない。しかも、兄弟四人の内から跡継ぎを、と提案したのは満済であったはずなのに、なぜか義持が主張したことになっている。また、鬮を取って決めるという方法は、義持が言い出したのだとする説と、諸大名の評定によるものだとする説があり、時房はその両方の説を日記に記している。

ここでは、明らかに情報の操作が行われている。義持と八幡神との間で交わされた鬮の一件も、その夜の夢の告げも、義持の死とともにその意味を失った。それは、あくまでも義持個人にとっては生きる力となり希望となったけれども、死の時をむかえ、それが実現されなかったとなれば、その夢への信頼は何の価値ももたない。ただ、義持がなぜあれほど、かたくなに後継者の決定を拒んだのか、その理由としては確かに納得できるものである。それゆえ、満済はそれを管領以下数人の重臣たちに、そのままを語った。それを聞いて重臣たちは、はじめて義持の気持ちを知った。義持の「夢語り」は、この範囲までは広がったのである。しかし、おそらく満済をはじめとして数人の重臣たちは、その場で即座に政治的な判断をして、この「夢語り」をそこで凍結させてしまった。

後継者を選ぶのに神の裁定という道を選び、多くの大名以下の武士たちを納得させる最良の方法を採ろうというのに、同じ八幡神が以前に違う答えを出し、しかも夢でそれを告げたことがあったと知らせて、彼らを混乱させる必要などないではないか。彼らの支持がなければ将軍の地位など意味がないと、義持が言ったということになれば、諸大名らの気持ちもおおいに高揚するだろう。そういった政治的な判断がはたらいて、義持の夢は語られることなく、それゆえ多くの人びとに知られることなく、時の流れの中に埋もれていった。

しかし、義持自身の心情としては、死を迎えるその瞬間まで、夢を憑みに生きていた。満済との二人っきりの対話で、義持は自分の本当の気持ちを語ったのである。ここまで、中世の人びとと夢との深いかかわりを見てきて、そう思わずにはいられない。

夢で施行を

鬮で選ばれ、還俗して将軍の地位に就いた足利義教は、嘉吉元年（一四四一）に殺された。「嘉吉の乱」である。義教の子義勝《よしかつ》は九歳で将軍になり、十歳で死んだ。さらに、その弟の義政《よしまさ》が八代将軍になったが、この義政の時期には、大飢饉が起こり、「応仁の乱」という大きな戦争が長く続いて、世の中は全体として戦国時代へと傾斜していく。

その義政が将軍であった寛正元年（一四六〇）から二年にかけて、諸国からは、飢えた人びとがどんどんと京都に流れ込んできて、毎日五百人、三百人、あるいは七、八百人という規模で餓死者が出た。その総数はいったいいくらになるのか、見当もつかないほどであった。四条や五条の橋の下に穴を掘って、一穴に死者を千人、二千人と埋めているが、それでも追いつかなくて、京都の町のあちこちに埋め切れない死人がそのまま打ち捨てられている。そのため京中には疫病が流行し、貴族や武士たちの中にも病気で倒れる者が出てきた(9)。まさに、非常事態である。

そうした中で、寛正二年正月十八日の夜に、将軍義政は夢を見た(10)。父の義教が束帯《そくたい》姿で枕元に立ち、

吾は、存生《ぞんしょう》の時に罪を犯すことが多かったので、今この身に多くの苦を受けている。けれど、また善事を行うことも多くあり、それゆえ再度将軍に生まれ変われるに違いない。しかし、それにしても、こうしているあいだにも乞食の多くが餓死している。今の吾の苦を助けようと思うのならば、こうして苦しんでいる飢えた人々に施行をして、その悲しみをやわらげ助けるべきである。

と明瞭なことばで語った。そのとたんに夢から覚めた義政は、早速、勧進聖《かんじんひじり》の願阿弥《がんあみ》に命じて、六角堂のあたりに一町分の渡屋を立て、そこに飢えた多くの人びとを入れ置いて、たくさんの大きな釜を

準備させ、雪水を使って食料を作り、六角堂前で毎日施行を行わせた。そのため、毎日十五貫文の費用がかかったが、義政は夏時分まではこれを続けるつもりだという。

父義教が夢に出てきて、現在自分が受けている苦を救うため、飢えた民への救済策を実施するようにと願い、将軍の義政はそれを受けて、ただちに施行を行わせた。いわば、夢の告げによって、その時の政策が決定されたわけである。

これは、今では考えられないことだけれども、中世の夢のあり方からすれば、それは至極当然の動きである。人びとは夢の告げに全幅の信頼を置き、それを行動の指針とし、生きる目標にしていた。国の政策が、将軍の見た夢によって決定されたとしても、中世の人びとはそれを当然のこととして受け入れた。むしろ、夢の告げを背景にした施策の方が、人びととの共感や支持を得やすかった。社会全体の共通意志を作り上げ、集団としての方向性を決めようとする時、夢は無類の力を発揮する。

この義政の夢の話は、奈良に住んでいた僧侶経覚《きょうがく》の日記に記されている。経覚は、越前の興福寺領の荘園支配に尽力していた楠葉新右衛門《くすばしんえもん》という家来の口から、この話を聞いたのである。奈良と越前との間を往還することの多かった新右衛門は、おそらく、その旅のどこかで、この将軍の夢の話を聞いたに違いない。本当に将軍義政がこの夢を見て、それを人に語り、その「夢語り」がどんどんと広まっていったのか、それとも、当時の社会の中のどこかで、こういう夢を将軍が見たらしい、だからこうして施行が行われることになったのだと、まことしやかに語られ始め、それが一人歩きして広まっていったのか、本当のところはよくわからない。

妻の御台《みだい》が見た夢であれ、子である将軍の見た夢であれ、とにかく、夢に出てくる足利義教のイメージは、どれも、生前の報いを受けて苦しんでいるというものばかりである。確かに、将軍足利義教の政治は、自らの意に反する者に対しては厳しい処罰で臨み、周囲の者に常に過酷な緊張を強いるものであった。そしてその死後、人びとは、くりかえし聞こえてくるこのような「夢語り」によって、義教が地獄の責め苦にさいなまれている姿を何度も思い浮かべることになった。この記事を日記に書き付けている経覚自身も、生前の義教によって、興福寺大乗院門跡の地位から追われた身である。

しかし、何はともあれ、夢に現れた義教の姿とそのことばが、現実に息子の義政を動かし、幕府に多くの費用を投じて窮民を救済する政策を実行させ、飢えた人びとを少しでも救う結果となったのだから、
ありがたき御夢想なり。広大の御利益にあらずや。尊ぶべし尊ぶべし。

と経覚が書いているように、大きな意味のある夢であった。

おわりに——夢情報のゆくえ

ここまで、さまざまな夢に関する事例を見てきて、古代とは違う、中世という時代を特徴づけるのは、そのあふれかえるばかりの「夢語り」にあると、あらためて思う。

中世の夢が持っていた力の強大さは、今日のわたしたちの想像を遥かに越えている。参籠通夜して夢の告げを得ようとするエネルギーの大きさ、自分が見た夢であれ他人の見た夢であれ、夢を信じそれを憑《たの》む気持ちの深さ、夢の内容を常に大切な情報として受けとめ、それをまわりの誰彼に語らずにはいられない衝動の強さ、そして、そのようにして広がっていく「夢語り」の範囲の広大さと影響力の甚大さ、そのいずれをとっても、今日のわたしたちには理解できないものばかりである。夢をめぐる仕掛けや装置は、中世の日常生活のあらゆる場に張りめぐらされ、その網の目にからめとられて人びとは生きていた。夢は、個人の運命にかかわるだけでなく、人びとの関係を揺り動かし、社会全体のあり方をも左右する。

夢を見ることからはじまる「夢の行程」が、中世では、なぜこれほどまでに長い多様な道筋をたどり、日々の生活から、宗教的な場、さらには政治のレベルまで、社会の各所で大きな影響を及ぼすものになり得たのか。そのわけは、夢が語られ、語り合われ、語り継がれ、目には見えないうちに、人びとの意識の中に入りこみ、集団的な共通意識を生み出すという、そのはたらきにある。「語る」ということは、単に何かを伝達することではなく、同じものを共に認識し、共有することである。「夢語り」も、ただ夢の内容を伝えるのではなく、その夢を共にする人びとのつながりを生み出す。誰もが夢を見る主体になれた中世では、起点となる夢は、いつでもどこでも発生した。そして、それが「夢語り」となって広がっていく。

　中世の日記や物語から、「夢語り」の具体的な状況を集めてみると、たとえば、「妻の女《め》に」「子三人を呼びて」「妻子・眷属《けんぞく》に」「姉妹に」というように、家族や親族などに夢を語る場合、「相住まれ候友だちに」「弟子どもに」「君に」「共の者どもに」など、交友関係・師弟関係・主従関係を軸にして夢が語られる場合、また、「郷里に」「普《あまね》く里の人に」「国の者に」などと、同じ地域に住む者同士のあいだで夢が語られる場合、そして、さらに、「国の内の近き遠き人」「普く人に」「おおきに普く」「あまた同様に」などのように、人びとのあいだの垣根を取り外して広い範囲に拡大していく「夢語り」もあった。「夢語り」の範囲は、語られる夢の内容に応じて伸縮自在で、そうした、いくつもの重層する「夢語り」を包み込んで、中世社会それ自体が、ひとつの「夢語り共同体」を形成していた。

　先に、信濃国筑摩《つくま》の湯に観音が湯浴《ゆあ》みをしにやって来る話について見てみたが、そこでも「夢語り」の広がりについては、

> 人びとに告げまはしければ、人びと聞き継ぎて、その湯に集まること限りなし、

と書かれている。『宇治拾遺物語』の「伴大納言《ばんだいなごん》、応天門《おうてんもん》を焼く事」[1]では、応天門に火をつけた真犯人が伴大納言だという「うわさ」の広まっていく様子を、

> 或るは妻子に語り、或るはつぎつぎに語り散らして言ひ騒ぎければ、世に広ごりて、

と表現している。人びとの口を通して世の中に広がっていく様子は、「夢」の広がりも「うわさ」の広がりも、まったく同じである。

以前わたしが、中世の「うわさ」について考えた時、[2]最も強く印象に残ったのは、「うわさ」が、今日のような単なる「うわさ」という次元ではなく、もっと確かな信頼できる情報として、人びとに受けとめられている点であった。裁判の場でも、「うわさ」は、実証や証言に匹敵する重みをもつものだと考えられていた。それほどに「うわさ」が信頼されたのは、中世の人びとが、その背後に神の意志を強く感じ取っていたからである。人の口を通して広がる「うわさ」であっても、その内容は根も葉もない不確かなものではなく、天の意志を伝えるものだという共通認識があった。

人の見る「夢」が大きな力をもったのも、夢が神仏からのメッセージだと考えられていたからである。中世の「夢」も「うわさ」も、当時の人びとが抱いていた神仏への信頼という共通の土壌に根ざしている。そして、その「夢」への信頼が「夢語り」の広がりの原動力になり、その「夢語り」が、人びとの意識を集約し社会的合意を形成するうえで、無類の威力を発揮した。

ところで、夢がそのようにして語られる時代、それは遥かに遠いむかしのこと。わたしは、そう考えていた。しかし、柳田國男氏の「夢と文芸」(3)の中で、

以前は田舎では夢の話をする人が、今よりも多かったようである。特に心の動揺した場合でなくても、何かやや変わった夢を見ると、その印象のまだ鮮やかなうちに、よく誰かに聴かせておこうとするのである。自分の母などもたしかにその古風な一人であった。こうすれば事は現実に化するから子供にも記憶せられる。

という一節に出会った。これが書かれた昭和初期には、まだまだ「夢語り」をする人が多くいて、柳田氏のおかあさんなども、そうした人の一人であったという。そうすると、じつは、ほんのつい先頃まで、「夢語り」の習慣は社会の中に根強く生き残っていたということになる。

この文章で注目されるのは、夢を誰かに語ることによって、「事は現実に化するから子供にも記憶せられる」というところである。「夢語り」によって、個々の内部で忘れ去られ消滅してしまうかもしれない夢が、言葉で語られ外に表されて、「現実」に形あるものへと変化し、他者の記憶の中にも浸透していく。夢が共有されていくわけである。これは、「夢語り」という行為の核心部分を的確に言い当てている。中世社会の「夢語り」も、まさにそのようにしてひろがり、現実に大きな力を発揮した。「現実に化する」ことがなければ、夢は社会の中に大きな位置を占めることなどできなかった。

ところで、柳田氏はもう一つ、

忘れかけていた精神生活の変遷が、ここに幽《かす》かなる銀色の筋を引いて、遠い昔の世まで我々を回顧せしめる。その一つは夢を重んずる気風である。

という指摘をされている。今わたしが立っているこの場から、夢を重んじ夢を信じた時代まで、幽かな銀色の筋をたどってみると、夢という言葉がもっている意味の変化、という問題にぶつかる。今わたしたちが夢と言う時、そこには二つの意味がある。

①眠っている時にみる夢という意味の「夢」

②自分の将来に向かっての抱負とか希望・期待という意味の「夢」

わたしたちは、明らかにこの二つの「夢」を区別して使っている。しかし、中世の人びとが夢と言う時、それは必ず眠っていて見る夢のことである。というよりも、眠って見る夢には、神仏からの確かなメッセージがこめられていると考えられていたから、それを信じて頼りにして生きていくことが未来に通じる目的にもなっていた。つまり、中世の夢は、今日の「夢」という言葉が持っている二つの意味を、両方とも含み込んでいるのである。

中世の夢が持っていたこの二重性については、先に引用した横井清氏の文章(4)に明瞭に示されている。横井氏は、伏見宮御所に形成されていた「夢語り共同体」について、

強固な連帯感で結ばれた貞成親王とその同志たちは、皇位回復の執念を……絶やすことなく灯し続けた。背には、たいせつな節目節目に送り届けられてくる神仏の「夢告」の支えがあり、前途

には、期待・希望としての「夢」を見失わなかったからである。

と表現された。この神仏の「夢告」と期待・希望としての「夢」とが重なりあい混じりあったものこそ、中世の人びとが夢と呼ぶものの中身であった。それが今日のように二つの意味に分裂してくることと、夢を重んじ夢を信頼する気持ちが失われてくることとのあいだには、密接な対応関係がある。夢を信じる気持ちが、幽かなる銀色の筋のどの時点で失われるのか、それを考える手がかりは、②の意味での「夢」が使われ始めた時期をさぐり出すことである。わたしは、この点について今確かな答えを持ってはいない。けれども、その時期はそれほど遠いむかしというわけではなく、たとえばここにあげた柳田氏の時代のすぐ前あたりにあるのではないかと思う。いずれにしても、この問題の解明は今後の課題である。

注

はじめに――夢と未来と

（1）西郷信綱『古代人と夢』（一九七二年　平凡社選書／のち平凡社ライブラリー所収）
（2）『沙石集』第一―九「和光の方便によりて妄念を止むる事」（日本古典文学大系　岩波書店）
（3）ロジェ・カイヨワ「夢の威信と問題」（『夢と人間社会（上）』一九七八年　法政大学出版局）

一　夢を乞う

（1）カール・アルフレッド・マイヤー「古代ギリシャにおける夢とインキュベーション」（『夢と人間社会（下）』一九八五年　法政大学出版局）
（2）アンジェロ・ブレリッヒ「ギリシャの宗教的世界観における夢の役割」（前掲『夢と人間社会（下）』）
（3）西郷信綱『古代人と夢』（前掲）
（4）澁澤龍彦『澁澤龍彦コレクション1　夢のかたち』（一九八四年　河出書房新社）。また、ホルヘ・ルイス・ボルヘス「円環の廃墟」（鼓直訳『伝奇集』岩波文庫）は、夢見ることで一人の人間を現実へと押しだすことに成功した魔術師が、実は自分も他者の夢見る世界の中でだけ存在していたことを悟るという話である。

（5）『春記』永承七年五月二十八日条（増補史料大成　臨川書店）

（6）ジャック・ル・ゴフ『中世の夢』（一九九二年　名古屋大学出版会）、同「歴史学と民族学の現在」（『歴史・文化・表象』一九九二年　岩波書店）

（7）『宇治拾遺物語』巻七―第五「長谷寺参籠の男、利生に預かるの事」（日本古典文学大系）、『今昔物語集』巻第十六―第二十八「長谷に参りし男、観音の助けに依りて富を得る語」（日本古典文学大系）

（8）『今昔物語集』巻第十四―第十八「僧明蓮、法花を持して前世を知る語」

（9）山岸常人「伝説の地に建つ中世仏堂」（『朝日百科日本の国宝別冊「国宝と歴史の旅2」仏堂の空間と儀式』一九九九年　朝日新聞社）

（10）『枕草子』末尾の「一本」（日本古典文学大系）

（11）『今昔物語集』巻第十四―第二十一「比叡山横川の永慶聖人、法花を誦して前世を知れる語」

（12）『今昔物語集』巻第十三―第二「葛川に籠もりし僧、比良山の持経仙に値へる語」

（13）『蜻蛉日記』下「夢うらなひ」（日本古典文学大系）

（14）『玉葉』元暦二年十二月六日条（国書刊行会　名著刊行会）

（15）『今昔物語集』巻第十四―第十二「醍醐の僧恵増、法花を持して前生を知る語」

（16）『今昔物語集』巻第十六―第三十二「隠形の男、六角堂観音の助けに依りて身を顕はせる語」

（17）注（7）の『今昔物語集』参照。

（18）注（10）参照。

（19）「粉河寺縁起」第五―第二十「覚興法橋、菩提心を発して栄望を達す」（日本思想大系『寺社縁起』岩

波書店）
(20)「粉河寺縁起」第五―第二十二「藤原奉成、現前に霊薬を得る」
(21) 横井清「夢」（『岩波講座日本通史　中世3』一九九四年　岩波書店／のち『中世日本文化史論考』〈二〇〇一年　平凡社〉所収）
(22) 藤本徳明「夢」（『国文学　解釈と教材の研究』三七―七　一九九二年）
(23)『沙石集』巻二―一「仏舎利感得したる人の事」
(24) 注(16)参照。
(25)「八幡愚童訓」乙の「五、後世の事」（日本思想大系『寺社縁起』）
(26)『沙石集』巻二―六「地蔵菩薩種々利益の事」

二　夢あわせ

(1)「夢あわせ」は、「夢相」とも表記される。『日本書紀』巻第五崇神天皇四十八年春正月戊子条では、二人の皇子のいずれを跡継ぎとするか、それぞれが見た夢によって判断することになり、二人は浄沐して祈って眠り、夢を得た。その夢を天皇が「相夢」し、弟の方が位を嗣ぐことになった。前掲西郷信綱『古代人と夢』補論二「夢あわせ」参照。また、「はじめに」で取りあげた『沙石集』の話に挿入されている説話（拾遺〈七〉日本古典文学大系本の巻末所収）には、「梁の武帝の時、夢相ありけり」と、「夢相」が皇帝の夢を解く専門家として登場している。
(2)『今昔物語集』巻第二十四―第十四

(3)『宇治拾遺物語』巻十三―第五

(4)『台記』一（増補史料大成）

(5)『蜻蛉日記』下「夢うらなひ」

(6)『大鏡』第四巻（日本古典文学大系）

(7)『今昔物語集』巻第三十一―第二十六

(8)「中臣祐賢記」弘安三年四月十一日条（増補続史料大成『春日社記録』三）。なお同書弘安三年二月十日条によると、氏人能高が拝殿巫女の「春命巫」を誘拐しようとしたために、「母春熊」と取り合いになって、郷民が出合うという騒動があった。春熊・春命は親子で、共に若宮の巫女だったことがわかる。

(9)当時、若宮拝殿巫女の本座の最高位にあった巫女。『春日社記録』一巻末の「解説」（永島福太郎）によれば、若宮社の巫女座は「本座・東座・八乙女座に分かれ、本座には惣ノ一・左ノ一・右ノ一、東座には宮ノ一・左ノ一・右ノ一があり、これらが本八乙女である。この役付のほかの八乙女が末八乙女といわれ、八乙女座を形成した。そのほかに寿職という下臈の巫女もあったし、この他、地方には郷巫女があった」という。

(10)この乞食については、「如法ニミサシ損タルカタイ（乞食）」と書かれているが、その意味をうまくつかめない。なお、若宮拝殿巫女やこの夢については、阿部泰郎「中世南都の宗教と芸能―信如尼と若宮拝殿巫女をめぐりて」（『国語と国文学』六四―五　一九八七年）で論じられている。

(11)『今昔物語集』巻第十三―第四十三「女子死にて蛇の身を受け法華を説くを聞きて脱るるを得たる語」

(12)注(6)参照。

(13)　注(3)参照。
(14)　澤野泉「中世貴族の見た夢の世界—『台記』を題材にして」(『史艸』三一号　一九九〇年)が、この時期の頼長をとりまく状況と夢について詳細な考察を行っている。
(15)『台記』久安六年正月四日条
(16)『経覚私要鈔』(史料纂集　続群書類従完成会)
(17)『建内記』永享十二年二月五日条(大日本古記録　岩波書店)
(18)『吾妻鏡』(新訂増補国史大系　吉川弘文館)
(19)『建内記』正長元年五月二十三日条
(20)「中臣祐定記」延応二年七月一日・十九日条(『春日社記録』一)
(21)『台記』久安六年正月六日条。注(14)の澤野論文によれば『小右記』にも「夢想不吉により百寺の金鼓を打たしむ」などという記事があり、凶夢の際に寺々の金鼓を打たせるのは当時の習いであった。
(22)　千々和到「〈誓約の場〉の再発見—中世民衆意識の一断面」(『日本歴史』四二二　一九八三年)
(23)「八幡愚童訓」乙
(24)　一九九九年十一月、総合女性史研究会例会で「中世の夢と夢語り」という報告をした時に、義江明子氏からご教示を得た『日本後紀』巻第十二、延暦二十四年二月十日条にも、大和の石上大神が神戸の百姓らの住む村邑に向かって「鳴鏑」を放ち、強く異議を表明している記事がある。

三　夢語りの禁止

(1)『蜻蛉日記』下「夢うらなひ」
(2)『更級日記』「鏡のかげ」（日本古典文学大系）
(3)『曾我物語』巻第二「盛長が夢見の事」（日本古典文学大系）
(4)中世日本国家の領域については、村井章介「中世日本列島の地域空間と国家」（『思想』七三二　一九八五年）が、興味深い論点を提示している。
(5)『太平記』巻第二十「義貞夢想の事、付けたり諸葛孔明が事」（日本古典文学大系）
(6)『宇治拾遺物語』巻十三―第五「夢買ふ人の事」。この「ひきのまき人」とは、吉備大臣入唐や邪馬台詩をめぐる話など数多くの伝説で知られる吉備真備のことか、と言われている。
(7)古川哲史『夢　日本人の精神史』第三章の一「夢の宝庫」（一九六七年　有信堂）
(8)西郷信綱『古代人と夢』（前掲）補論一「夢を買う話」
(9)「夢記」（高山寺資料叢書七『明恵上人資料』二　東京大学出版会）。河合隼雄『明恵　夢を生きる』（一九八七年　京都松柏社）が明恵の夢を分析し論じている。
(10)「高山寺明恵上人行状（仮名行状）」（高山寺資料叢書一『明恵上人資料』一）。
(11)奥田勲『明恵　遍歴と夢』（一九七八年　東京大学出版会）
(12)『曾我物語』巻第二「時政が女の事」「橘の事」
(13)『沙石集』拾遺七十にも、宇治殿（藤原頼通）に仕えていた女房が、一緒に住んでいた友の「三日月をふところに抱く夢」を見たと語るのを聞き、即座に着ていた衣を脱いでその夢を買い取り、その結果、宇治殿の思われ人になれたという話がある。
(14) この夢の段階区分は、デトレフ・フォン・ウスラー『世界としての夢　夢の存在論と現象学』(谷徹訳　一九九〇年　法政大学出版局)による。
(15)『更級日記』「鏡のかげ」
(16)『大鏡』第三巻
(17)『宇治拾遺物語』巻一―第四「伴大納言の事」
(18)『日本文徳天皇実録』巻五(新訂増補国史大系)
(19)『壒嚢鈔』(古辞書叢刊)
(20)『古今著聞集』「神祇第一」(日本古典文学大系)、『百錬抄』仁安元年七月条(新訂増補国史大系)
(21) 西郷信綱『古代人と夢』第一章「夢を信じた人々」
(22)『拾芥抄』(古辞書叢刊)。この史料については、総合女性史研究会例会で林マリヤ氏からご教示を得た。

四　夢語り共同体

(1) ボルヘス『七つの夜』(野谷文昭訳　一九九七年　みすず書房)
(2)『権記』(史料纂集　続群書類従完成会)
(3) 神戸説話研究会編『続古事談注解』(一九九四年　和泉書院)によると、この話は、以後、『今鏡』藤波の中第五、『古事談』第一―第三十二話、『発心集』第五―五十六話、『続古事談』第二―第五十九話、『愚管抄』巻四などに載せられている。

（4）菅原昭英「夢を信じた世界―九条兼実とその周囲」（『日本学』五　一九八四年）

（5）横井清「夢」（前掲）。なお、この事態の推移については、横井清『看聞御記「王者」と「衆庶」のはざまにて』（一九七九年　そしえて）が詳細に述べている。

（6）この事件の詳細については、『看聞日記』応永三十一年六月十四―十六・十九・二十三・二十五―二十八・七月一・三・八・九・十三・十四・二十三・二十四日、『満済准后日記』六月十四・二十六・七月八・二十二日の各条の記事による。

（7）「粉河寺縁起」第二―第七「近衛府生為元の息女、瘖瘂の報ひを改む」

（8）「粉河寺縁起」第五―第二十二「藤原奉成、現前に霊薬を得る」

（9）続群書類従本に、この記事がある。日本思想大系『寺社縁起』の五九頁頭注参照。

（10）以下は、『看聞日記』応永二十八年二月から五月にかけての記事による。

（11）『今昔物語集』巻第十九―第十一「信濃国の王藤観音出家の語」、『宇治拾遺物語』巻六―第七「信濃国筑摩の湯に観音沐浴の事」、『古本説話集』下―六十九「信濃国筑摩の湯に観音人となりて沐せしめ給ふ事」（新日本古典文学大系）。

（12）西郷信綱『古代人と夢』（前掲）一三頁

五　夢と死者

（1）『経覚私要鈔』文安四年二月十七日条

（2）『建内記』正長元年十月二十七日条

(3)『親長卿記』長享三年三月二十一日条(続史料大成)
(4)『沙石集』巻第六―十「説教師盗賊に値ひだる事」
(5)『宇治拾遺物語』巻二―第一「清徳聖、奇特の事」。勝浦令子「女の死後とその救済―母の生所と貴女の堕地獄―」(西口順子編『仏と女』一九九七年 吉川弘文館)でも、母の生所を問う息子の話として、この清徳聖の話を取りあげて論じている。
(6)『今昔物語集』巻第十五―第十六「比叡の山の千観内供、往生せる語」
(7)『今昔物語集』巻第十四―第七「修行の僧、越中立山に至りて少女に会へる語」
(8)『今昔物語集』巻第十四―第八「越中国の書生の妻、死にて立山地獄に堕ちる語」
(9)『建内記』嘉吉元年六月二十四日条
(10)『建内記』嘉吉元年八月七日条
(11)『看聞日記』嘉吉元年六月二十五日条
(12)『親長卿記』長享三年正月十九日条
(13)「選択本願念仏集」(日本思想大系『法然 一遍』)八などに説かれている。元々は、唐の善導の『観無量寿経疏』散善義に説かれているもので、これを絵にした「二河白道図」も作られ、人びとに説法する「絵説き」に用いられた。
(14)『親長卿記』文明二年十二月二十六日条
(15)以下は、『看聞日記』応永三十三年正月九日条による。
(16)実際に、雷火により相国寺大塔が炎上したのは、応永十年(一四〇三)六月のことである。おそらく

『看聞日記』を書いた伏見宮貞成の記憶違いであろう。

（17）『続古事談』第一―第八話に、一条天皇の時代に起きた大地震について、次のような話が載せられている。冷泉院はその日、御所の中の池の中島に幔幕を立てさせると、正午頃から御所の建物を出て、その中島に移動していた。すると、なんと午後二時頃に大地震があり、建物に押しつぶされる者も多く出るありさまであった。冷泉院が地震を予知して、いち早く中島に避難していたのにびっくりした人びとが院に尋ねると、昨夜の夢に、もう死んでしまった九条大臣（藤原師輔）が出てきて、「明日の未の刻に地震あるべし、中島におはしませ」と告げたのだという。藤原師輔は冷泉院の外祖父にあたる。

（18）『沙石集』巻第九―第五「亡父、夢に子に告げ借物返したる事」

六　夢の記録

（1）『十訓抄』第六「可存忠直事」（新訂増補国史大系）

（2）「八幡愚童訓　乙」の「五、後世の事」（日本思想大系『寺社縁起』）

（3）『今昔物語集』巻第十七―第十四「地蔵の示現によりて鎮西より愛宕護に移れる僧の語」

（4）以下は、赤松俊秀「熊谷直実の上品上生往生立願について」（『続鎌倉仏教の研究』一九六六年　平楽寺書店）による。赤松論文には、直実の「置文」「夢記」とならんで「迎接曼陀羅由来記」の全文が紹介されている。なお、この論文については梅澤ふみ子氏のご教示を得た。

（5）赤松前掲論文

（6）拙著『中世のうわさ』（一九九七年　吉川弘文館／新装版　二〇二〇年）一三、一四頁参照。

（7）「八幡愚童訓　乙」の最初の部分に、この表現が見える。
（8）『看聞日記』応永三十二年二月二十八日条
（9）『今昔物語集』巻第十五—第一「元興寺の智光・頼光、往生せる語」
（10）『春日権現験記絵』第十一巻の「詞書」（『続日本絵巻大成』中央公論社）
（11）「中臣祐定記」寛喜四（貞永・元）年七月二十日条（『春日社記録』一）
（12）「中臣祐定記」嘉禎二年七月二十八日条
（13）『吾妻鏡』建暦二年四月十八日条
（14）『吾妻鏡』建暦二年十月十一日条
（15）中村生雄「親鸞の夢—救済の回路としての〈聖なる夢〉」（『カミとヒトの精神史』一九八八年　人文書院）。以下「親鸞夢記」についても本書による。

七　夢と塔

（1）奥田勲『明恵　遍歴と夢』（前掲）。奥田氏は、「明恵は夢想の天才であったかもしれないが、ここで注目しなければならないのは、夢が個人でなく集団の共有物になるという事実である。（中略）中世僧房を支配する一つの原理として、このような夢の共有があった」と指摘されている。夢が集団の共有物になることは、僧房に限らず、中世社会全体の特徴でもあった。
（2）河合隼雄『明恵　夢を生きる』（前掲）
（3）「高山寺明恵上人行状（仮名行状）」（高山寺資料叢書一『明恵上人資料』一）所収。原文ではカタカナのところを、ここではひらがなに改め濁点なども付けた。

（4）マグダ・レヴェッ・アレクサンダー『塔の思想―ヨーロッパ文明の鍵』（池井望訳　一九七二年　河出書房新社）

（5）大西修也「東大寺七重塔露盤考」（『美術史』一〇一　一九七六年）。この論文については、山岸常人氏のご教示を得た。

（6）中村元他編『岩波仏教辞典』（一九八九年　岩波書店）によった。

（7）定方晟『須弥山と極楽』（一九七三年　講談社現代新書）所収の第一〇図・一一図を引用させていただいた。ただし表や図の一部を本書の趣旨に沿って改めた。

（8）『三宝絵詞』中―一「聖徳太子」（新日本古典文学大系）

（9）『兼宣公記』応永十年六月三日条（史料纂集）、『看聞日記』応永三十三年正月九日条

（10）『政基公旅引付』文亀元年五月二十七日条（図書寮叢刊宮内庁書陵部編　養徳社）

（11）『今昔物語集』巻第十二―第一「越後国の神融聖人、雷を縛りて塔を起てたる語」

（12）明恵の入滅にいたる詳細は、注（1）奥田前掲書による。

（13）「最後臨終行儀事」（高山寺資料叢書一『明恵上人資料』一）。原文は漢文で記されているが、読み下し文に改めた。

八　将軍の夢

（1）『後愚昧記』貞治二年四月（日未詳）条（大日本古記録）

(2)『後愚昧記』応安元年七月・八月「山門嗷訴記《ごうそ》」に詳しい。ひとたび神輿《しんよ》が洛中に入ると、「武士等これを禦《ふせ》がず。神輿武士等の陣の前を過ぎしめ給ふの時、各篝火《かがりび》を消し、弓を弛《はづし》て、敢へて動かず」と、軍勢は完全に武装を解いて戦闘を放棄してしまう。神輿の入洛を機に、幕府軍の対応が百八十度変わってしまうところが興味深い。

(3) 同じ頃に二人の人間が同じ夢を見る「二人同夢」、三人が見る「三人同夢」などの現象が起こると、それは最も信ずべき夢とされた（前掲西郷信綱『古代人と夢』二二頁参照）。ここでも、将軍と導誉と崇永の三人が同じ夢を見たために、夢の威力が倍加されて、このような方針転換が決定されたのかもしれない。

(4)『満済准后日記』応永三十年三月十八日条に「今日御方御所様将軍宣下、諸大名御太刀馬引進上云々」、『看聞日記』同年月日条に「懸召除目被行、執筆洞院大納言也、将軍宣下上卿洞院云々」とある。

(5)『満済准后日記』応永三十二年二月二十七日条に「申半刻許《ばかり》歟《か》、将軍御方御他界、御年十九、天下重事諸人只失色也」、『看聞日記』同年月日条に「将軍他界之由風聞、実説不審」と記されている。先に見たように、この時も「夢語り」を含めてさまざまな「うわさ」が飛び交い、社会不安をかりたてた。

(6)『満済准后日記』応永三十五年正月十七日条、なお、この章の以下の叙述は、拙稿「将軍の夢」（『日本歴史』六〇九　一九九九年）に拠った。

(7) 鬼神大夫作の剣については、『看聞日記』永享三年九月二十四日条にも、「崇光院以来相伝秘蔵の剣なり、鬼神大夫作と云々」とあって、足利義詮や崇光院の時代に著名な刀鍛冶鬼神大夫が作った剣を、将軍家も伏見宮家も代々相伝していたのである。

（8）『建内記』応永三十五年正月十八日条

（9）『大乗院寺社雑事記』寛正二年五月六日条（続史料大成）に、「伝説に云わく」として寛正元年冬から二年三月頃までの京都の状況が、このように記されている。

（10）『経覚私要鈔』寛正二年二月七日条

おわりに――夢情報のゆくえ

（1）『宇治拾遺物語』巻一〇―第一、『伴大納言絵詞』でも同じように表現されている。

（2）拙著『中世のうわさ』（前掲）

（3）柳田國男「夢と文芸」（『革新』一九三八年、のち『口承文芸史考』〈一九四七年　中央公論社〉所収）。ここでは『柳田國男全集　8』（一九九〇年　ちくま文庫）に拠った。

（4）横井清「夢」（前掲）

補　論——日本史の中の夢

私たちは、誰もが皆、夢を見る。おとなも子供も、女も男も…。おそらく、自分は生まれてこのかた一度も夢を見たことがない、などという人はいないに違いない。夢を見ることは、人類にとって普遍的な経験なのである。

けれども、さて、いったい、人はどんな夢を見たのか、ということになれば、それは個々の人間のそれぞれの体験であって、互いに共有されるものではない。もちろん、同じような境遇に立たされ窮地に陥った人々が、同じ夜に同じ夢を見たという話がないわけではないが、それも目覚めてから夢の内容を語り合ってみて、初めてわかることである。夢は、目覚めた後で互いに語り合ってみなければ、その内容を他者と共有することのできないものである。今日では、実験室の中で、眠っている人の眼球運動を観察し、今この人は夢を見ているらしい、ということを知るや、すぐに目覚めさせて夢の内容を聞き出すこともできるようになった。しかしながら、その人が見ている夢の内容をスクリーンに映し出し、それを皆で共に見るなどといったことは、未来においては可能かもしれないが、目下のところ、とてもできない相談だと言わねばならない。

それでも人類は、古くから、自分が眠っているあいだに見た夢を記録し、さらには、互いが夢を見る存在であるという共通の認識を基軸にすえて、夢をめぐる数多くの興味深い物語をつむぎ出してきた。日本列島の上で生きてきた人々も、その例外ではない。

西郷信綱氏の『古代人と夢』（一九七二年　平凡社／一九九三年　平凡社ライブラリーに再録）は、「人間の精神と歴史とのかかわり方、つまり人間の世界連関において、夢とは何かという問題を痛切に考察されねばならない」と主張し、日本の古代における夢のあり方を論じた。ここでは、「神牀《かむどこ》」「夢殿」などと密接にかかわる「乞夢の作法（インキュベーション）」のありかたが注目され、さらには「魂と夢」との深い結びつき、「夢と現《うつつ》」の連関性、そして「夢相《いめあわせ》（夢を解くこと）」の意味あいなど、「日本史の中の夢」について考えるための鍵となる根本的な問題が論じられている。

これに大きな刺激を受けて私は、西郷氏が明らかにされた古代に続く中世という時代に、夢がどのようなものとして存在したのかを考えてみた。それが、本書『夢語り・夢解きの中世』である。刊行されたのは二〇〇一年。もう既に、二十年ほども前のことになってしまった。ただ、思えば二十年は長いようでいて、「一炊の夢」のうちに過ぎてしまうものでもある。

古代人も、そしてまた中世人も、夢がどこからやってくるのかについて共通した認識をもっていた。彼らは、夢は自分の外から、神や仏のような聖なる存在から送られてくるメッセージだと考えていた。今日の私たちが、夢は自分の内から、心の奥深いところからやってくるもので、それは睡眠中の脳の何らかの働きによってもたらされると思っているのとは、まったく違った見方である。

中世の人々は、夢にかかわって、さまざまな仕掛けを社会の中に縦横に張りめぐらせていた。それがどのようなものであるのかについて、以下、(一)夢を見る前、(二)夢を見る時、(三)夢を見た後、という三つの時点に分けて、具体的に見ていくことにしたい。それが本書の内容を振り返ってみる手立てになると思うからである。

(一)夢を見る前

「神牀」に天皇、「夢殿」に聖徳太子が籠もって夢を見た古代とは違って、中世になると、夢はすべての人にとって手の届くものになった。多くの物語や縁起や日記には、多様な階層の人々が、自分の将来への指針となるような「夢の告げ」を得たいと願って、「聖所」に「参籠通夜」するさまが描かれている。彼らが「乞夢」のために籠もる場所としては、清水寺、六角堂、稲荷社、地蔵堂、北野社、石清水八幡、東大寺・春日社、興福寺、長谷寺、金峯山、蔵王堂、聖徳太子墓、住吉、箕面滝、粉河寺、熊野、石山寺、比叡山根本中堂、大宮、新羅明神、伊勢大神宮、熱田社、江ノ島、伯耆大山などがあげられる。「聖所」は日本の各地にひろがっていった。

もともと、仏堂は仏のために建てられたものである。しかし、中世的な仏堂は、内陣《ないじん》、礼堂《らいどう》(外陣《げじん》)、局《つぼね》、後戸《うしろど》という異なる役割をもった空間が集まった構造になっており、そこに籠もる人のために、礼堂や局といった空間を備えている。そして、仏の前は、中世社会に厳として存在する身分的な差違を越えて、生きとし生けるものすべてに対して平等に開かれた場であった。中世には、「夢の民主化」が実現されていたのである。

『石山寺縁起絵巻』には、礼堂に参籠通夜する多様な人々の姿が描かれている。互いに見ず知らずの者たちが、たまたま隣り合わせて、一昼夜、三日三晩、あるいは七日七夜というように幾晩も祈り続け、首尾よく夢を見ることができれば大団円をむかえる。しかし、その祈りの果てに夢の告げを得られなかった場合、諦めて帰路につくよりほかにすべがない。ただ、傍らの者に、代わって夢を見ておくよう頼むこともあった。また、そもそも初めから本人は「聖所」に出向かず、代わりの僧などを送って、そこで見た夢の内容を知らせてこさせることもあった。こうした場合、その夢の所有者は、代わって夢を見た者ではなく、依頼した側であるとされた。夢はそれを見た人のものだとは限らないという、今日の私たちからは想像もできないようなこの認識こそが、中世の夢をめぐる複雑で錯綜した関係を生み出す一つの原因である。

(二) 夢を見る時

中世の人が夢を見るのは、「乞夢の作法」にのっとって「聖所」に籠もった時ばかりではない。普通に自分の家で眠っていて、夢を見ることだってあった。いや、むしろ実際には、そういう場合の方が多かったに違いない。それでも、夢は神仏から送られてくるメッセージだと信じられていたから、人々は夢の内容にはとても敏感に反応し、自分の日記に大切な情報として書きつけたのだ。

ところで彼らは、一日のうちで、いつ夢を見たのだろう。物語であれ、日記の記事であれ、夢を見たのは圧倒的に明け方、丑の刻や寅の時である。まさに夜が明け初《そ》める暁《あかとき》に夢を見ている。今日の夢の研究によれば、私たちは一晩のうちに何度もレム睡眠の時期を経験し、何度も夢を見ている。ただ、記憶しているのは目覚める直前の最後の夢だけであり、だから誰もが、自分は明け方に夢を見たと思いこんでいるのだという。そう説明されれば、中世の夢の記事が、ほとんど丑や寅の時に夢を見たと記しているのも納得がいく。しかし、横井清氏は「夢」（『岩波講座日本通史　中世3』一九九四年　岩波書店、後に『中世日本文化史論考』二〇〇一年　平凡社に再録）で、「夜と朝の境界、非日常的な時間と日常的な時間との境界としての暁のひとときに、ほのかに訪れる聖なるものの物語」と指摘した藤本徳明氏の「夢」（『国文学　解釈と教材の研究』三七―七　一九九二年）の視点を受け継いで、これこそ中世人の「時間・空間意識、昼夜の根本的な性質の違いの認識、昼夜の境をなす時間の格別な位置づけ、神仏・霊界と人間世界との続きぐあいや離れぐあいについての社会的な通念」と深く関わることであると述べている。「聖なる時」に「聖なるもの」から届けられるのが、中世の人々にとっての夢だった。それを現代的な見方で解釈してしまったのでは、本当に大切なものを見落としてしまうことになると主張した。これは、過去の時代の事象について考えるときにも大切なことで、何でもかでも現代の見方で解釈してしまっては、それぞれの時代に特有のものの見方や考え方を見い出せなくなってしまう。

死者たちが、自分の「居場所」を夢で知らせてくることも多かった。ある母は、子供たちが功徳を尽くしてくれたおかげで忉利天《とうりてん》に生を受けることができたと告げた。また、ある父は、自分は修羅道に墜ちて多くの責め苦を受けている。ここから救い出してくれようとする気があるのなら、京中にあふれている飢えた人々に施行をするようにと、息子の将軍に懇願した。ここには、中世の人々の死生観、現世と来世についての認識が明瞭に示されている。また、高山寺の『明恵夢記』に記された「塔に昇る夢」は、天空高く聳える不思議な塔のてっぺんまで昇って、「色究竟天《しきくきようてん》」よりも高く昇れる心地がしたという、なんとも壮大なスケールの夢である。このように、中世人が見た夢には、当時の人々の空間認識や世界観が顕著にあらわれている。

(三) 夢を見た後

さて、神や仏は、自分の未来について、いったいどのようなメッセージを送ってきたのだろう。夢を見た後に、人々が何をおいても、まず真っ先に知りたかったのはこのことだった。夢の内容は、いったい何を意味しているのか。これもまた、夢を見た誰もがいだく疑問であり、これは昔も今も変わらない。「夢を解く鍵」「夢占い」などの書物が、昔から今に至るまで数限りなく生み出されているのは、そのためである。夢の意味するところを言い当てることを「夢相《ゆめあわせ》」「夢解き」という。漠然としたイメージしか示してくれない夢を解読して、意味の通じるものにすること、これは誰もができることではなく、特別な能力をもった者だけがなし得ることだと考えられていた。へたに夢あわせをされると、せっかくの「吉夢」も台無しになってしまう。中世では「夢解きの女」や巫女、陰陽師たちが、その道のプロとして位置づけられていた。自分の見た夢が「吉夢」だと判断されれば、それは何ものにも代え難い大切な夢としてあつかい、「凶夢」だとなれば、陰陽師などを呼んで「夢違え」のために「夢祭」を行わせた。夢を合わせ、夢を頼みにし、夢を違えること、これらはいずれも、人々が夢を見た後でなすべき重要な行為であった。

なかでも注目されるのが、中世社会のさまざまな場で生み出された「夢語り共同体」の存在である。これは、菅原昭英氏が、九条兼実と運命の浮沈を共にするような人々が、兼実にかかわる夢を見たと言ってはその夢を届け、互いに夢を語り合うさまに注目して、「夢語り共同体」と名付けたことによる（「夢を信じた世界―九条兼実とその周囲―」『日本学』五　一九八四年）。横井清氏は、伏見宮貞成のまわりに生み出された、息子彦仁の皇位継承をめぐる「夢語り共同体」に注目した。私も本書で、貞成の書いた『看聞日記』の記事をもとに、その様子を追いかけ、「開くべき時はきぬぞと聞きながら、まだこの花は常のこの春」と夢の中で詠まれた歌に託した伏見御所の人々の思いを追いかけてみた。

また、さらに、一定の範囲の人々の中で共有されながらも、決してそれより外にはひろがらなかった「夢語り共同体」の例として、室町幕府四代将軍足利義持が瀕死の床で三宝院満済にもらした夢語りを取り上げ、それが結局、籤による六代将軍選びにつながっていった経緯を明らかにした。

最初に述べたように、夢を見ることは個々の人間の個人的な体験であり、その内容を他者が知るためには、必ず「語る」という行為が伴わなければ不可能である。「夢見の個人性、夢語りの社会性」とでも言うべきだろう。それゆえ、夢の社会的な役割を考えるには、「夢語り」に大きな比重を置く必要がある。

ところで、中世社会のさまざまな場に生み出された「夢語り共同体」の姿を追いかけてみると、そこには、「夢ということばがもっている二重性」にたどり着く要素が確かにあったと思う。今日、私たちは日常的に、「夢」という語を二つの意味で使っている。一つは、眠っていて見る夢であり、もう一つは、将来への望み、実現させたいと願っている事柄をさして夢と表現している。「見る夢」と「持つ夢」と言えば、わかりやすいだろう。中世の「夢語り共同体」、例えば伏見御所で培養されていた共同体では、長く皇位から遠ざかっていた宮家の若君彦仁が、次の天皇に就くかも知れない、いや、ぜひとも就いて欲しい、という将来への願望が、そこに集まっている人々の根っこのところに共有されていた。だから、その意味では、「夢ということばの二重性」が、そこに芽生えているように見える。しかしながら、伏見宮貞成の日記の記事を見てみると、「夢」ということばが指し示しているのは、あくまでも「眠って見た夢」のことであり、彼らが共有していた「宮家一流の御運再興」の望みについて、これを「夢」の語であらわすことはなかった。それはあくまでも「志」や「願い」という語で表現されている。中世においては、まだ、「夢」の語に二つの意味は存在しなかったのである。

本書の刊行後、いくつかの出会いがあった。その中で、中世の夢に限られていた私の関心は、少しずつ、「日本史の中の夢」へとひろがっていった。

まず最初に、新宮一成氏、桜井昭彦氏と私の三人で、対談する機会が与えられた（「三人閑談　夢の不思議、夢語りのちから」『三田評論』一〇四四　二〇〇二年三月）。そして、その後、新宮氏から、「夢語り」を基軸にすえて考えてみる研究会を開こうと思うので参加しないか、とのお誘いを受けた。日本史の、しかも中世史という狭い視野しか持ち得ていない私が参加していいものかと迷ったが、思い切って加えていただくことにした。数回の研究会の後で、実際に、現代の若者たちに「夢語り」をしてもらおうという話がまとまり、二〇〇六年一月九日、京都東山の正法寺というお寺で、「夢語りの会」が開かれた。それらは、新宮一成編著『メディアと無意識』（弘文堂　二〇〇七年）として、まとめられている。私は、それまで「夢語り」の場に参加した経験などまったく無く、当日は、京都の町を一望に見わたせる正法寺の一室で、多くの参加者ともども、興味津々、終日、若い人々の「夢語り」に耳を傾けた。まず私が驚いたのは、最初の一人が夢を語り終わると、すぐにまわりから、語られた夢の詳細について、さまざまな疑問が発せられたことである。夢を語った当人は、それに対して、見た夢を思い起こしながら丁寧に答える。何度かのそうしたやりとりの中で、最初に語られた夢の曖昧さが、徐々に明瞭な輪郭をもった像へとまとめあげられていく。それを目の当たりにして、私は、中世の「夢語り」においても実際にこうしたことばの応答があって、その場に参加した全員で夢を

「二つの織物」として織り上げていく、その共同作業こそが、「夢語り共同体」の内実であったのだと思うようになった。史料を通じて想像していた遠い過去の「夢語り」の場が、鮮明なイメージとして蘇ってきたのである。

私は、かねがね、「聖所」に「参籠通夜」して「夢の告げ」を得ようと、幾晩も祈り続ける人々の姿と、現代のインターネットカフェで、隣のブースにいるのが誰なのかなどおかまいなしに、ひたすらアクセスし続ける人々の姿とが、ダブルイメージになるような感覚をもっていた。新宮氏は、この本の中で、「中世の夢語りにおいて重要なことは、語らいのシステムとしての夢の位置が確立されていたこと」、そこでは「個人は、自分の欲望を神仏に投げかけ、神仏からの答を、夢を通じて受信した」と位置づけた。そのうえで、今日の「ITによる情報空間」と、日本中世の「神仏の空間」とは、そこにアクセスして情報を得ようとする人々との関係という点から見れば、まったく同じ構図になっていると指摘した。新宮氏との研究会は、日本中世の夢のあり方だけを見てきた私に、思いもかけない方向から夢を考えてみる機会を与えてくれた。

ほぼ同じ頃、私は、室町時代の興福寺大乗院門跡の経覚と尋尊が、それぞれに書き残した日記、『経覚私要鈔』『大乗院寺社雑事記』の夢の記事に注目し、彼ら二人に楠葉西忍を加えた三人のかかわりを基軸にすえて、一書をまとめた（『夢から探る中世』角川選書三七六　二〇〇五年）。物語や縁起などに描かれた夢ではなく、現実の日々の生活の記録である日記をだけを素材とすることで、より実際的な夢のあり方が発見できるのではないかと考えたからである。そして、そこでの夢に対する認識は、『夢語り・夢解きの中世』で見い出せたものと、大筋ではまったく同じであることを確認できた。夢は神仏からのメッセージであり、人間には知り得ない未来についての予言であるという基本的なとらえ方は、現実に中世社会を生きた彼らの日記の記事にも、はっきりと貫かれていた。

楠葉西忍は、足利義満に重用された天竺人の貿易商人を父に、河内楠葉の人を母として京都に生まれ、幼名をムスル、俗名を天次という。父は四代将軍義持の代に排斥され、大和に移り住んだ天次は、奈良興福寺から追放されていた経覚と立野で出会い、彼を師として出家、西忍と名乗り、その従者となった。経覚の死後、西忍は、輿に乗った経覚が輿舁《こしかき》もろとも、ふわりと興福寺上空に飛び上がり、西忍も高足駄をはいて一緒に鳥のように空を飛ぶ夢を見た。死者は夢で、自分が今、生きている場所を知らせてくるというから、経覚は西忍に、自分は今でも奈良の上空高く舞い上がっていると伝えてきたのかも知れない。実は、この話は、西忍が語ったのを、筆まめな尋尊が自分の日記に書き付けておいてくれたおかげで、今の私たちも知ることができるのである。ことばで語られた「夢語り」が、文字で表記され「夢の記録（夢記）」となって、後代まで伝えられる。この問題に関して藤原重雄氏は興味深い史料を紹介し、ことばと文字の「狭間」「あわい」について論じた（「泊浦・道智上人周辺の夢語り」『年報中世史研究』第四二号　二〇一七年）。これは、「夢語り」と「夢の記録」をめぐって今後解明すべき重要な課題である。

尋尊の見た夢は、興福寺大乗院門跡が三人そろって存命の時、真ん中の者が最初に死ぬというもので、これを尋尊は、経覚と政覚に挟まれた自分が真っ先に死ぬという予言だと受けとめた。この時、経覚七十六歳、尋尊四十一歳、政覚十八歳である。今の私たちなら、これを、自分が常日頃から心の奥深くでいだき続けている杞憂が夢に現れたに違いない、と考えるだろう。けれども、夢による予言は絶対だと信じて、尋尊はこれを深刻に受けとめた。門跡の知行分が今のように「九牛の一毛」になってしまったのは、前門跡の経覚のせいだ。私が死ねば、きっと経覚は自分が門跡の地位に就くと言い出すだろうが、決してそれを許してはならない。現時点で経覚が掌握している隠居分も、彼が死ねば、「一粒一銭」も残らず門跡分に取り戻さねばならない。もしも私が入滅したら、必ず政覚を次の門主にしなければならない。尋尊は大真面目で「後日のためにこれを記す」と日記に書き付け、それに署判まで加えた。夢の告げが現実になることを心底から怖れ、大乗院家の候人たちに強いメッセージとして言い残した。実際には、まず経覚が、次いで若い政覚が死んで、当の尋尊は最後まで生き残るのであるが、夢の予言を信じて疑わず、大慌てで自分の死後のことを書き残さずにいられなかったその姿は、まさに、夢に対する中世人の典型的な受けとめ方と言えるだろう。私は、人物叢書『経覚』（吉川弘文館　二〇二〇年）を書く時にも、この夢をめぐるエピソードを取り上げた。これが経覚と尋尊の関係を何よりも如実に物語るものだと思ったからである。

二〇一二年十一月、「夢と表象—メディア・歴史・文化」研究会を主催する荒木浩氏のお誘いを受け、「夢見の場について」という報告をした。十世紀から二十世紀までの夢の意味の変遷を追った「夢の語史」リストを作成し、日本の歴史の中で、夢ということばの意味がどのように変化するかを追いかけてみた。また、夢見の場面を描いた多くの絵巻物を例示して、雲や光と共に虚空に出現する聖なる者の姿に注目した。この報告は、これまで守備範囲を中世の夢に限定してきた私が、後の時代にまで視野を広げ、「日本史の中の夢」について考えてみる大きなきっかけとなった。二〇一五年三月には、同じく荒木氏主催の「夢と表象─その国際的・学際的研究展開の可能性」研究集会に参加し、「夢の意味の変遷」と題して報告した。この研究集会の記録は、荒木浩編『夢と表象─眠りとこころの比較文化史』(勉誠出版　二〇一七年)として刊行されている。

他方、二〇一四年十月から十五年九月までの一年間、毎月一度のペースで「朝日新聞」に「夢想の歴史学」という題で、夢に関する拙文を載せてもらうことができた。

・外から届けられた夢　仏に向かい幾晩も祈って待つ、
・夢は誰のもの　見た人のものとは限らない、
・夢語り共同体　皇位継ぐ夢と信じ、たのみに、
・明恵の夢記　塔を昇り詰め、流星の上に立つ、
・夢を告げ回す　自己を規定、「世論」も生み出す、
・大流行の夢想連歌　神仏も座をのぞき込む、

・新井白石の夢　頻繁に龍現れ、主君、将軍に、
・夢を商う　良い夢、値段次第「邯鄲の枕」、
・夢ということば　神聖さ失い世俗的に、
・漱石の夢十夜　近代日本の迷いを映す、
・柳田国男の古風な母　夢の記憶、家人と共有、
・岡倉天心　女性詩人へ手紙で記す、

全十二回、このような見出しで、一年間、何とか連載を終えることができた。

それらの記述を基に、全体をふくらませ、くわしく史料を引用しながら、『夢の日本史』（勉誠出版二〇一七年）をまとめた。ここでは、まず、神仏から夢見る人めがけて、一筋の光のビームとなって夢が届けられる瞬間の絵に注目した。この本の表紙に、海の彼方の観音菩薩が浜辺で眠る従者に向けて光を放つ場面を描いた『男衾《おぶすま》三郎《さぶろう》絵《え》詞《ことば》』の絵を用いたのも、そうした観点からである。面白いことに、この絵をよくよく見ると、観音から放たれた光の筋は、夢を見ている従者にではなく、その傍らの包みに届いている。詞書《ことばがき》によれば、それは山賊に討たれて命を落とした主人吉見二郎の首を包んだもので、従者は遠く武蔵国までそれを運んで帰る途中だという。「おまえの娘の慈悲は、必ずや普陀落山に迎えられるから安心せよ」という夢のメッセージは、海辺で夢を見ている従者ではなく、首だけになってしまった父の二郎に宛てられたものだった。中世では、夢は必ずしも、それを見た者の

ものとは限らない。人の夢を取って出世したとか、取られたから不遇だったとか、自分はこんな夢を見たが、これはあなたの夢なのでお届けしますとか、中世には夢の所有者をめぐる驚くような話が数多くある。観音が湯浴みに来るという夢の告げを信じて集まった大勢の者たちに包囲され、ついには自分は観音だったかと思うようになり、出家してしまった武士の話さえある。夢をめぐるさまざまな装置が社会の隅々まで張りめぐらされ、人々はそれにからめ取られていた。

十世紀から二十世紀までの夢の意味の変遷をたどる「夢の語史」リストを作成してみて、明らかになったのは次の点である。古代から中世まで、夢は外からやってくるという考え方が一般的であったが、十六世紀あたりを境にして、「夢は五臓の煩い」などと、夢を自分の身体のあり方と関わらせて考えようとする傾向が芽生えてくる。この変化は、人々の神仏に対する崇拝や畏敬の念が後退し、その呪縛から自由になることと対応している。近世以後は、夢の「世俗化」が急速に進み、十八世紀後半に流行する小説には、「邯鄲の枕」をレンタルして「夢を商う」栄華屋夢二郎のような者までが登場する。

それがさらに近代になると、「将来への希望を思い描く」という意味の夢の語が出てきて、眠って見る夢については「個々人の過去の記憶の残滓」と考えられるようになる。かつての夢は、人が誰も知り得ない未来について語り、励まし、導いてくれる価値あるものであった。聖なるものから送られてくる大切なメッセージであった。それが、それぞれの個々の人間の、過去の記憶の「残りかす」になってしまった。そこにぽっかり空いて、空洞になった「未来」軸のところに、眠って見る夢ではない、新たな「夢」ということばが代わって滑りこんできた。私には、そう思えてならないのである。現代のメディアには「夢」ということばがあふれかえっている。それらは、いずれも眠って見る夢ではなく、将来への希望や願望、未来において実現させたいと思い描くイメージとしての夢である。考えてみれば、もう既に起こってしまった出来事の記憶の「残りかす」を拾い集めるよりも、まだ見ぬ未来の設計図を描く方が、はるかに心躍る作業であるに違いない。

しかし、そうした中にあって、夏目漱石は『夢十夜』を書き、柳田国男は「夢語り」をする古風な母を語り、岡倉天心は「夢を釣りに」海に出かけた。そして今なお、夢の物語を集めたアンソロジーが出版される。そうしてみると、眠って見る夢の方にだって、まだまだ、人を魅了してやまない何かがあるのかもしれない。

本書の原本は、二〇〇一年に朝日新聞社より刊行されました。

著者略歴
一九四七年　大阪市に生まれる
一九七六年　大阪市立大学大学院文学研究科博士課程単位取得退学
元茨城大学教育学部教授

〔主要著書〕
『日本中世の在地社会』（吉川弘文館、一九九九年）、『応仁の乱と在地社会』（同成社、二〇一一年）、『夢の日本史』（勉誠出版、二〇一七年）、『経覚』（人物叢書、吉川弘文館、二〇二〇年）、『中世のうわさ』（新装版、吉川弘文館、二〇二〇年）

読みなおす日本史

夢語り・夢解きの中世

二〇二一年（令和三）三月一日　第一刷発行

著　者　酒《さか》井《い》紀《き》美《み》
発行者　吉川道郎
発行所　株式会社 吉川弘文館
郵便番号一一三―〇〇三三
東京都文京区本郷七丁目二番八号
電話〇三―三八一三―九一五一〈代表〉
振替口座〇〇一〇〇―五―二四四
http://www.yoshikawa-k.co.jp/
組版＝株式会社キャップス
印刷＝藤原印刷株式会社
製本＝ナショナル製本協同組合
装幀＝渡邉雄哉

ISBN978-4-642-07160-4

刊行のことば

現代社会では、膨大な数の新刊図書が日々書店に並んでいます。昨今の電子書籍を含めますと、一人の読者が書名すら目にすることができないほどとなっています。ましてや、数年以前に刊行された本は書店の店頭に並ぶことも少なく、良書でありながらめぐり会うことのできない例は、日常的なことになっています。

人文書、とりわけ小社が専門とする歴史書におきましても、広く学界共通の財産として参照されるべきものとなっているにもかかわらず、その多くが現在では市場に出回らず入手、講読に時間と手間がかかるようになってしまっています。歴史の面白さを伝える図書を、読者の手元に届けることができないことは、歴史書出版の一翼を担う小社としても遺憾とするところです。

そこで、良書の発掘を通して、読者と図書をめぐる豊かな関係に寄与すべく、シリーズ「読みなおす日本史」を刊行いたします。本シリーズは、既刊の日本史関係書のなかから、研究の進展に今も寄与し続けているとともに、現在も広く読者に訴える力を有している良書を精選し順次定期的に刊行するものです。これらの知の文化遺産が、ゆるぎない視点からことの本質を説き続ける、確かな水先案内として迎えられることを切に願ってやみません。

二〇一二年四月

吉川弘文館